スーパー・ラーニング

改訂新版

誰も教えてくれなかった
超テクニック!

企画書
つくり方、
見せ方の技術

藤村正宏

あさ出版

＊本書は、２００８年５月に小社から出版された『「企画書」つくり方、見せ方の技術』を新編集し、リニューアルしたものです。

「はじめに」のまえに

こんにちは。藤村正宏です。

今回、『企画書つくり方、見せ方の技術』が装いも新たに、改訂版として再び世の中に出ることになりました。

筆者として、これほどうれしいことはありません。

たくさんの方が読んでくれた結果です。ありがとうございます。

この本はおかげさまで、ベストセラーとまではいかないものの、ジリジリと売れつづけて、いつの間にか、企画書の本の定番みたいになってしまいました。

最初にこの本を書いた当時、企画書の本はカタくてむずかしいイメージのものが多かった。

そこで、企画書をはじめて書く人にも、とっつきやすく、わかりやすく、実用的なものをつくろうと意図して書きました。

筆者にとって、長く読まれる本を書けたというのは、とってもうれしいことです。

それよりもっとうれしいことは、実際にこの本を読んで成功した人がたくさんいるっていうことです。

多くの方から感想をいただきました。

「この本のとおり、そのまま企画書を書いたら、大きな仕事が決まりました」

「社内でやりたかったプロジェクトを任されました。この本のおかげです」

「目からウロコのことばかりで、仕事が楽しくなり、人生が変わりました」


本当にうれしい感想ばかりで、そういう本を世に出せたということに、誇りすら感じています。

企画書を書く人だけでなく、マーケティング関係や社員教育関係の仕事をしている方々にとっても好評です。


今回、改訂版ということでリライトしたり、削除や追加した部分がありますが、基本のコンテンツは、ほとんど初版のときのままです。

今読んでも、十分に通用する内容だと思います。

というよりも、これからますますこの本の内容が重要な時代になってくる。

そう確信しています。

これはどういうことかというと、

ビジネスが「知価」の時代になったからです。

新しいアイディア。

新しい売り方。

新しい価値。

新しいコンテンツ。


そういう知識労働者が生み出す、知識財産が企業の生産性を決める時代になったからです。

まさに、「企画書」や「提案書」の役割が重要だということ。

だから、「企画書」や「提案書」が書けるということは、ビジネスマンにとって必須の能力になるのです。


あなたならできます!

大丈夫です!

この本のとおりに書けば、売れる企画書、通る企画書が書けるようになるのです。

そして企画書が、あなたを新しい世界に連れて行ってくれます。


さあ、楽しみながら読んでください。

そして、実践してください。

応援しています!

はじめに

サンタへ手紙を書くように企画書を書いてみる

企画書なんて書けないと思っていませんか？
企画書を書くのはむずかしいと思っていませんか？
企画書を書くのは面倒だと思っていませんか？

企画書だと思うから書けないんですよ。
企画書を書いたことのない人や、なかなか企画書を書けない人でも、

「サンタへの手紙」

なら書けるでしょ。あはっ。

子供の頃、サンタに手紙を書いたことありますか？
きっと一度や二度はありますよね。

恥ずかしながら、ボクは小学校5年生まで、毎年書いていました（笑）。

クリスマス・イブの深夜、サンタがやってきて、子供たちが喜ぶプレゼントを枕元に置いていってくれる。

いいですよね。

懐かしい。


ボクが子供の頃、母がよく言っていました。


「サンタさんからどういうプレゼントをもらいたいのか、ちゃんとお手紙を書くのよ」

「何が欲しいのか、なぜ欲しいのかをちゃんと言わなければ、あなたが欲しいモノをプレゼントできないでしょ」


ボクは母が言うとおり、具体的に手紙を書きました。

いちばんはじめにサンタに手紙を書いたのは、たぶん幼稚園の時。

欲しかったプレゼントはスキーでした。

スキーが欲しくて、どんな色でどういう長さのスキーなのか、絵を描いて、細かく希望を書いたのです。

また、なぜスキーが欲しいのかも書きました。

「おとなりのまゆみちゃんといっしょにあそびたいんですけど、いまのスキーはすぐにながぐつからはずれちゃうので、ながぐつがはずれないスキーがほしいのです。おねがいします」


ワクワクした気持ちで、クリスマス・イブの夜、寝床につきました。

クリスマスの朝、飛び起きて、枕元を見ると、そこには紺色のカッコイイ子供用のスキーがありました。

今でも、その朝のことはリアルに覚えています。

息が白くなるくらい寒い朝でした。

両親はまだ眠っていました。

本当にサンタクロースが来てくれたっていうこと、そのサンタが、自分が手紙に書いたプレゼントをもってきてくれたってことに、とっても感動していたんだと思います。

今も覚えているっていうことは、よほど嬉しかったのでしょうね。

それ以来、秘密が秘密でなくなる日まで、手紙を書いたのです。


そうなのです。

これと同じなのです。


企画書はサンタへの手紙と同じです。

自分の思いを伝えるモノなのです。

だから誰だって書けます。

伝えたい思いをもっていて、ちょっとしたコツさえ覚えれば、誰でも簡単に、説得力のある企画書が書けるようになるのです。

あまりカタく考えないで、肩の力を抜いてやりましょう。

コンピュータを前にして悩まずに、ともかく取りかかりましょう。いちばん伝えたい思いを、ともかく書いてみましょう。それがスタートです。

スタートすることが重要です。

あなたはできます。

やってみると、意外とカンタンにできるものです。

カンタンにできるようになると、今度は企画書を書くのが楽しくなります。楽しくなったら、もうあなたは立派なプランナーです。

企画書だと思わなければいいのです。

さあ、思いを伝えてください。何ものにもとらわれないで、自由に発想してください。

あなたの企画を待っている人がいるのです。

ようこそ！　エクスペリエンス・マーケティング的企画書の世界へ！

藤村正宏

「はじめに」のまえに 3
はじめに――サンタへ手紙を書くように企画書を書いてみる 7

PROLOGUE 企画書はあなたと会社の運命を左右する「ラブレター」

成功する企画書づくりのポイント①
進化する者だけが生き残る 22
リストラされる人、生き残る人／常識どおりの企画書では勝てない／企画書づくりで人も進化する

成功する企画書づくりのポイント②
新しい価値を生み出す企画書をつくる 26
企画書が書けなくても仕事はできる？／「変化が大事」はわかっていても……／なぜ、変えられないのか？／企画する力、伝える力

成功する企画書づくりのポイント③
企画書の書き方にルールはない 32
企画が良くても企画書がダメでは伝わらない／どんどん企画書を書いてみる

CONTENTS

成功する企画書づくりのポイント④
企画書は説得する道具ではない 36
説得されて行動を起こす人は少ない／「やりたい」という気持ちを引き起こす

成功する企画書づくりのポイント⑤
企画書はラブレター！ 41
企画書で「思い」を伝える／とことん相手のことを知る／目的意識の強さが勝敗を分ける／企画の詰めが甘くないか？

成功する企画書づくりのポイント⑥
企画書をつくった後のことも考える 48
企画書は必ず2部保存する／企画書は仕事の履歴書、スキルの証明書

PART 1
「序・破・急」で書く
企画書づくりの超テクニック

『序』―「つかみ」の技術①
「起承転結」が企画書をダメにする 52
企画書の構成もスピード感が大事／世阿弥の教えは企画書づくりに通ず／
序・破・急で構成を分解してみると……／ラストに向かって話を盛り上げる

『序』―「つかみ」の技術②
企画書は「序・破・急」で書く 58
「序・破・急」的な企画書の構成とは？／『序』――「つかみ」の部分です／
『破』――「企画の展開」の部分です／『急』――「結論」の部分です

『序』―「つかみ」の技術③
企画書の顔はやっぱり表紙 65
表紙に載せるべき情報／タイトル、サブタイトルは顔の中の顔／
提出先の名前をタイトルに入れ込む／ビジュアルイメージにクライアントのロゴを入れる／
自社名はこじんまりとさりげなく／提出日の表記法は臨機応変に

『序』―「つかみ」の技術④
あらゆる企画書はタイトルが勝負！ 72
読まれなければただのゴミ／雑誌の見出しはお手本の宝庫／
人の心をつかむタイトルとは？

『序』―「つかみ」の技術⑤
メインタイトルとサブタイトルを上手に使う 77
タイトルを見たクライアントの目が輝いた／へりくだりすぎは逆効果／サブタイトルで感情に火をつける

『序』―「つかみ」の技術⑥
やってはいけない！ タイトル付けの落とし穴 84
短いほうがいいとは限らない／カッコよさに走らない／「造語」は失敗のもと／メリットを感じるタイトルを付ける

『序』―「つかみ」の技術⑦
売れる言葉、買わせる言葉にはセオリーがある 90
効果的なタイトルづかいの法則とは？
法則① カンタンにできることを訴求する
法則② 現在、病気であることに気づかせる
法則③ 使用前・使用後、勝ち組・負け組を比較する
法則④ お客さまの声を利用する
法則⑤ 消費者の視点に立ったコトバをつかう
法則⑥ 認知的不協和の見出しをつかう
法則⑦ 意外性のある物語を見出しにもってきて、本文に引き込む
法則⑧ 具体的な数字をタイトルにもってくる

『序』―「つかみ」の技術⑧
「はじめに」で態度を明確に示す 96
企画書に挨拶はいらない／相手にしっかりと認知させる／態度・考え方を明確にする

『序』―「つかみ」の技術⑨
お客さまの声を効果的につかう 106
ときには基本をはずしてみる／信頼性を高め、臨場感を醸し出す／実践済みの企画にはもってこい

『破』―「企画の展開」の技術①
テンポよく企画を展開する 112
企画の展開も「序・破・急」で！／展開の仕方は企画の内容で決まる

『破』の『序』―「企画の展開」の技術②
コンセプト・マップで企画の全体像を示す 116
関係性を⇩（矢印）であらわす／何でも図にして描いてみる

『破』の『破』―「企画の展開」の技術③
企画書は文章が主役と考える 121
ビジュアルだけでは伝わらない／ビジネスの文章に個性はいらない？／個性が感情に訴える／長い文章は誰も読まない？／決定権者に理解してもらわなければ意味がない

『破』の『破』―「企画の展開」の技術④
伝わる文章、わかりやすい文章を書く 128
伝わる企画書の文章の共通点とは？
共通点① センテンスは短く
共通点② むずかしい言葉づかいは避ける
共通点③ 漢字とひらがなのバランスをよくする
共通点④ 曖昧な言葉づかいをしない
共通点⑤ 最初に結論を言う
共通点⑥ 主語を明確にする
共通点⑦ 「ですます調」「である調」を統一する

『破』の『破』―「企画の展開」の技術⑤
文章は走るように書く 137
まずは書きたいことから書く／思いついたらすぐに書く

『破』の『破』―「企画の展開」の技術⑥
わかっていることを書く 141
わかってないから、わからない／イイ文章より、わかる文章

『破』の『破』―「企画の展開」の技術⑦
どうしても書けない人は録音筆記法をやってみる 145
話すように書く／録音筆記法でスラスラ書く／企画のウィークポイントが見えてくる

CONTENTS

『破』の『急』―「企画の展開」の技術⑧
最後はアプリケーション企画でひと押しする 150
期待をさらに増幅させる／相手が考える余地を残す

『急』―「まとめ」の技術
数字は大切。これを忘れちゃ、ケチがつく！ 152
企画で勝って、コストで負けることもある／クライアント落としの強力なツール

PART 2
カンタンにできる！あなたの企画書がグレードアップするテクニック

その気にさせるテクニック①
どんな常識も「仮説」にすぎない 158
思い切って言い切る／結果を先に、理由は後で／聞きなれない言葉で印象づける手も／仮説を真実と思わせるのが企画書の技術

その気にさせるテクニック②
クライアントの「ヨイショ」も大事 163
みんな自分のこと（会社）が好き／絶対に相手を否定しない

見栄えをあげるテクニック①
1秒で見る――レイアウトの確認 165
一目でわからなければやり直し／目立ち度抜群のちょっとした工夫／低コストでも工夫はできる／スタイルが古いと企画も古く見える

見栄えをあげるテクニック②
チラシを参考にしよう――「Zの法則」 171
チラシはアイディアの宝庫／レイアウトはチラシを見習え

見栄えをあげるテクニック③
企画書のフォントの使い方 175
フォントに込められた無言のメッセージ／企画のイメージを字体であらわす／フォントひとつで企画書がグレードアップする

見栄えをあげるテクニック④
企画の神はディテールに宿る 180
ディテールに凝る／ページ表記に凝る／目次はメニュー、見積もりは会計票

見栄えをあげるテクニック⑤
認知心理学の法則を取り入れよう 186
認知されやすい法則とは？

忘れさせないテクニック①
企画書のサイズ、マーケティング的に考えたら…… 191
サイズも目的に合わせて考える／なぜか発注が集中する理由／サイズで損することもある／「ありがち」を生む便利の落とし穴／やっぱりＡ４サイズがいちばんいい

忘れさせないテクニック②
忘却こそ最大の敵 197
記憶されるコツをつかめ

PART 3
「企画の女神」と出会うための企画発想のテクニック

企画の技術
企画力のつけ方、発想の仕方 204
良い企画なくして、良い企画書はない／企画には五つのステージがある
ステージ①　関連した情報を収集する
ステージ②　収集した情報を編集し、加工して、考える
ステージ③　情報を発酵させる
ステージ④　アイディアを得る
ステージ⑤　アイディアを企画書にまとめる

ステージ①――関連した情報を収集するテクニック
情報を集める技術、読み取る技術 209
情報の洪水に溺れない／インターネットなしでは企画はできない／本屋さんはやっぱり基本／体験こそが最大のノウハウ

ステージ②――情報を編集し、加工し、考えるテクニック
ブレストで企画をどんどん膨らませよう 215
「いいね。いいね」が合言葉

ステージ③――情報を発酵させるテクニック
企画に行き詰まったら、別のことをしてみる 217
温故知新――古本屋街を訪ねてみよう／アイディアの前兆

ステージ④――アイディアを得るテクニック
企画の女神はある日、突然降りてくる 220
街へ出よう！　人と話そう！／女神、降臨！

ステージ⑤――企画書にまとめるテクニック
どんな独創性もはじめは真似から生まれる 224
基本の習得は「人真似」から／良いビジネス書は、良い企画書に似ている

おわりに――素晴らしい企画書をつくって、輝くビジネスを！ 228

PROLOGUE

企画書はあなたと会社の運命を左右する「ラブレター」

「企画書なんて書けないよ」

そんなことを言っているあなた。

本当に書けませんか？　いや、必ず書けるはずです。

それは、「ラブレター」のようなものなのですから……。

それであなたの人生が左右されるかもしれないのです。

成功する企画書づくりのポイント

進化する者だけが生き残る

●リストラされる人、生き残る人

あなたはリストラされたいですか？

それとも会社から必要な人として、多くの報酬をもらいたいですか？

実は、この明暗を分けるものが、

「企画書をつくる能力」

なのです。

ボクは企画書のつくり方の本を書いていますが、企画書の書き方やつくり方を教えるのが職業ではありません。集客施設の企画設計が本業です。集客施設――小売店・レストラン・ホテル・テーマパーク・博物館・水族館……。そういう、人が集まる施設の企画設計をしたり、マーケティングコンサルタントをしたり、講演でみなさんにどういうふうにすれば儲かるお店やレストランができるかをお話しています。

そういう仕事の性質上、今まで十数年間にわたって、たくさんの企画書をつくってきました。

うまくいった企画書もありますし、失敗した企画書もあります。

その中で、どのような企画書が成功するのか、どういう書き方が相手の心を捉えるのかが、わかってきました。

それは、すぐれたマーケティング手法と同じだったのです。

●常識どおりの企画書では勝てない

マーケティングというのは一言で言うと、「商品やサービスを買ってもらうこと」です。人々にあなたの会社の商品やサービスを「欲しい」と思わせ、「買ってもらう」ための、効果的なしくみのことです。プロモーション活動や広告をはじめとして、店舗がある場合はそのお店自体が「買ってもらうため」の手段となります。それがマーケティングです。

基本的にボクは、「モノ」ではなく「体験」を売ろうという考え方の「エクスペリエンス・マーケティング」を提唱しています。

Experience（エクスペリエンス）――経験・体験・見聞・経験内容を売りましょうということです。

このエクスペリエンス・マーケティングの考え方というのは、自分が扱っている商品やサービスが、お客さまにどんな体験を提供しているのか、という視点から見てみようというマーケティングです。

視点を変えればいいのですから、誰にでもできる簡単なマーケティングの方法です。

あるとき、このエクスペリエンス・マーケティングの手法が、「企画書のつくり方」にも応用できるのではないかと考えました。

すると……

できるんですよ、これが。

そして、効果があるのです。

でも、今まで言われていた「企画書のつくり方」とは、ちょっと違う方法です。

「え？　そんなこと今まで聞いたことないぞ」とか、

「そんなことしても、いいのぉ？」とか、

「それって非常識じゃないのかな？」などという声があるかもしれません。

しかし、今の世の中、常識的では勝てません。今のままのやり方では、ダメってこと。当然企画書のつくり方にも、戦略が必要になってくるということです。

常識にとらわれて、今までのやり方でやっていては、あなたの会社はなくなってしまうかもしれないし、あなたはリストラされるかもしれません。

あなたがこれからの厳しいビジネス環境に生き残って勝利するためには、

進化しなければなりません。

地球46億年の歴史を見たって、それは明らかです。進化した者だけが、繁栄したのです。

進化し、生き残るためには、ともかく企画して、企画書をつくってみることです。

●企画書づくりで人も進化する

「エクスペリエンス・マーケティング的企画書のつくり方」は、本当に効果があります。

このつくり方で、ボクはさまざまな企画を実現させてきました。

「エクスペリエンス・マーケティング的企画書のつくり方」は、誰にでもできます。特別な能力は何もいりません。ちょっとした簡単なコツがあるのです。やろうと思えば、誰でも実行できるコツです。

だけど、このやり方を実践するのとしないのとでは、あなたの今後が、まるで変わってきます。

さあ勇気をもって、先へ進みましょう。

あなたが生き残る企画書をつくるために

最も強い者が生き残るのではなく、
最も賢い者が生き延びるわけでもない。
唯一生き残るのは、変化できる者である。

——チャールズ・ダーウィン『種の起源』より

成功する企画書づくりのポイント

新しい価値を生み出す企画書をつくる

●企画書が書けなくても仕事はできる?

企画書と聞くだけで、「ダメダメ、そんな面倒なもの書けないよ」とか、「企画書なんてつくらなくても、仕事できるもんね」とか、「書いたことないから、書けないわ」とか、そういう人ってけっこういるんじゃないでしょうか?　いますよね。

でも、もしあなたが明日までに企画書を書かなければ、今の会社を解雇されるとしたらどうですか?　あなたが企画書をつくらなかったら、会社が倒産してしまうとしたら、どうですか?「そんな面倒なもの書けないよ」なんて言っている場合ではない、どうしても企画書を書かなければならないような状況だったら……?

書くでしょう。

じゃあ、書かなきゃ。

だって今は、本当に「書けない」とか「書きたくない」とか言っている場合ではないのです。

●「変化が大事」はわかっていても……

21世紀に入って、たくさんの会社や人が、モノが売れず、お客さんが集まらず、苦しんでいます。

とくに、顕著なのが、これまで業績の悪化とは無縁だったところや、いわゆる老舗といわれるところ……。

どうしてこんなになっちゃったんでしょうか?

いろいろ原因が考えられますが、いちばんの原因は「変化していない」ってことです。もう通用しなくなった今までの考え方、やり方でビジネスをしている企業や人間があまりにも多いということなんです。

ビジネスを取り巻く環境が変わったのに、

「昔の考え方のままビジネスをしている企業がたくさんある」

ということです。

あなたの会社はどうですか?

20世紀は企業側から見ると「大量生産」の時代でした。技術も「大量生産」のために進歩しました。消費者もモノが多いことがしあわせでした。

モノもサービスも質が同じで、大量につくり出せることが売れる条件でした。どのメーカーの自動車もほとんど同じ性能、旅行もみんな同じツアー、ホテルのサービスまでマニュアル化……。「規格大量生産の時代」だったわけです。

生産システム、商品開発、マーケティング戦略、人材育成……、すべてこの「大量生産」に合わせた『しくみ』になっていました。

ところが20世紀の終わり近くになって、世の中は変わりました。簡単に言うと、人々がモノの豊かさや数にしあわせを感じなくなったわけです。「規格大量生産」よりも「個性化」「多様化」「情報化」がキーワードになったのです。

それなら当然企業も、いろいろな『しくみ』を変えなければなりません。

でも、変わっていない。

今までの発想のままなのです。だから苦しんでいる。

自動車もエンジンの性能や燃費やイメージだけで売っていると売れないし、銀行も土地の担保価値でしか融資判断ができないと破綻するということです。「安くて良いモノを提供していれば、消費者が買ってくれる」なんて思っていると、どこかのスーパーのように「お先真っ暗」になってしまうのです。

旅行会社が送り込んでくる団体客だけを相手にしてきた観光ホテルや、談合で決まる公共事業をよりどころにしてきたゼネコンが倒産するのは当然の結果なのです。

しつこいようですが、大切なことなので繰り返しますね。

景気のせいではないのです。

変化できていないのです。

では、みんな、世の中のそういう変化に気づいていないのでしょうか？

そんなはずないですよね。みんな気づいているんです。だって、そんなことはしつこいほどいろいろなメディアで言われているし、ビジネスの現場でも感じることです。

あなたの会社の社長さんだって、役員だって、部長だってみんな知っていることです。

でも変えられない。

なぜ、変えられないのか？

じゃあ、どうして変えられないのでしょう？

それは頭ではわかっていても、心の底からわかっていないからです。

既成概念で頭が固まっているから、その変化の姿を実感できていないのです。

だから、「そんなことがあるかもしれないけれど、ウチがやってきたことだけは正しい」と思ってしまい、「間違っていることを直し、新しいノウハウを入れて、みんなで努力すればうまくいく」なんて思っているわけです。


甘い、甘い！


そんなのうまくいくわけがないのです。

過去の成功体験を捨てられないのです。

そういう企業は、小手先だけの変革だったり、今までの発想の延長線上での戦略だったり、根本的なところが全然変わっていない。

覚悟がないんだなぁ。

それで効果がないとまた昔の栄光の話に戻り、また効果のない従来の考え方に帰る。これを繰り返しているから、不景気から抜けられないんですね。

●企画する力、伝える力

もう、そんな悠長なこと言ってられないんですよ。

だって、あなたの会社やあなた個人が好むと好まざるとにかかわらず、ビジネスは24時間止まらない国際競争になっているのですから。

そしてその競争に勝つためには、今こそ変化しなければならないのです。

変化に対応できない企業や人は、役に立たなくなって、ビジネスの現場から「退場」させられます。そうならないためには、環境の変化に対応して、自分も進化していかなければなりません。その変化に対応する力が、企画立案できる能力なのです。

そして、その企画をわかりやすく伝えるのが「企画書」です。

これからビジネスで成功しようと思ったら、「企画書」が書けることが必須条件になります。

企画書を書ける人と書けない人の差、企画力がある会社とない会社の差が、ドンドン開いていきます。こうした傾向はますます顕著になっています。

企画書が書けない人は、これから先、やっていくことはできません。リストラ対象者です。なぜなら、企業にとって「新しい価値」を生み出せない社員はもういらないからです。そして価値を生み出せる社員だけが高い報酬を獲得できるのです。

規格大量生産時代だったら、大きな工場があるとか、大きな本社ビルがあるとか、土地をもっているとか、資金がたくさんあるとか、そういうことが企業の価値でした。

でも、これからの時代はまったく違うものが価値になっていきます。企業も個人も「新しい価値」をもたなければならない時代なのです。

その「新しい価値」を生み出すことが企画であり、それを形づくる能力が、

「企画書をつくる力」なのです。

だから企画ができない人や企業は、生き残っていくことがむずかしいということです。企業だったら倒産、個人だったらリストラされる運命が待っています。

これからの企業は、頭脳の力が最大の武器になります。勝負を決するのは「頭脳」なのです。

そしてそれが企画能力です。

競争に負けない企画書をつくるために

- **「新しい価値」を創造するという覚悟をもとう。**
- **今までの考え方は捨てよう。**

成功する企画書づくりのポイント③

企画書の書き方にルールはない

●企画が良くても企画書がダメでは伝わらない

これからは、企業も個人も、ビジネスの激烈な競争で生き残っていくために、「新しい価値」を創らなければならないってこと、なんとなくわかっていただけました？

その新しい価値を生み出すことが「企画」です。そしてその新しい価値を、第三者に伝えるツールが「企画書」です。

さらに企画書のつくり方で、伝わり方が変わることがあります。

どんなにいい企画でも企画書の書き方が良くないばかりに、それが実現しないことがあります。企画書のつくり方を知らないばかりに、素晴らしい商品やサービスが世の中に出なかったことって、かなりあるのではないでしょうか。ちょっとした企画書のつくり方のコツを知っていれば、大きく儲かる仕事ができて、倒産しなくても済んだ会社があるかもしれません。

逆に、たいした企画でもないのに、企画書の書き方が良かったから、その企画が採用されることもあります。これが現実です。

そこで、こういう質問が出てくるでしょう。

「すぐれた企画書のつくり方ってあるんだろうか？」
「通る企画書のつくり方ってあるんだろうか？」
「一流の企画書のつくり方ってあるんだろうか？」

答えは、

ありません。

企画書の書き方やつくり方なんていうのは、人それぞれで違うし、目指す目的でも違うし、業種でも違うからです。

一概に言えないのです。

「え⁉　そんな⁉　こんな本買わなきゃよかった」

って思っている人、すみません。

でも本当にこれがいちばんいいというつくり方はないのです。

それは、上司に聞いても、会社の企画書作成マニュアルを見てもわかるものではありません。

自分で創り出していかなければならないということです。

そうです。

あなたにはあなたの、ボクにはボクの「企画書のつくり方」があるということなのです。

自分流の企画書のつくり方を見つけなければならないのです。

●どんどん企画書を書いてみる

そのためには、まずは企画書をつくってみることです。たくさんトライして、たくさん失敗することです。ともかくたくさん企画書を書いてみることです。たくさん書くためには、簡単にすぐに書けるモノでなければなりません。

でも「わかりやすい企画書のつくり方」とか「面白いほど企画書の書き方がわかる」とか「誰にでもできる企画書の書き方」とかという本がたくさん出ていますが、どの本も、けっこう面倒くさく、けっこう複雑で、とても簡単にはできないと思いませんか？

どうしてでしょう？

それは「これから企画書を書くぞ」と気張ってしまうからです。だから最初に言ったように、

企画書だと思わなければいいのです。

「企画書とはこういうものだ」「こうでなければならない」といったルールがあるという思い込みを捨てるのです。

そもそも企画書の書き方、つくり方にルールなんてないのですから。

この本はノウハウ本ではなく、自分流の企画書のつくり方を編み出すための「ガイドブック」だと考えてください。あなた自身の企画書のつくり方、企画の立て方を見つけるためのナビゲーター役といってもいいでしょう。

目的地は、あなた自身が身につける、「オリジナルの企画書の書き方」です。そこに到達す

る間に、あなたはたくさんの分かれ道に出会うでしょう。そういうときに、どちらに行けばより良いのかを案内する、ナビゲーターの役割です。

大丈夫です、きっと目的地に到達するはずです。

「そんなこと言っても、急に自分らしい企画書の書き方なんてできないよ」

そう思ったあなた、それは正しい認識です。なんだってそうですが、いきなりオリジナルの方法を創り出すのは、かなりむずかしいことです。

だから、この「エクスペリエンス・マーケティング的企画書のつくり方」を参考にしてください。今までの方法とはちょっと違うと思いますが、ボクはこの方法で、かなりの企画書を書き、たくさんの企画を実現してきました。ですから、ある意味では参考になるはずです。

そして……。あなたらしい企画書の書き方を見つけてください。あなたらしい企画の立案の仕方を探してください。

実践的な企画書を書くために

- **完璧は目指さない。**
- **完璧な企画書など存在しない。**

成功する企画書づくりのポイント④

企画書は説得する道具ではない

●説得されて行動を起こす人は少ない

企画書は相手を説得するためにあると思っていませんか？

そう思っている人ってけっこういるんではないでしょうか？

違うんですよ。
企画書は説得するものではないのです。

そこがそもそも間違っているのです。スタートが違うから、いい企画書ができないし、企画書をたくさん提出しても仕事が決まらないのです。

「え？　そんな……。企画書の書き方の本にはたいてい『企画書は説得する道具だ』、みたいに書いてあるし、上司からも『お客を説得するように』言われているんだけど」

そう思ったあなた、ある意味でそれは間違ってはいません。今までのビジネスではそれが通用していました。

しかし、めまぐるしく変化する現在のビジネス環境では、今までのノウハウはあまり参考にならなくなっています。

だから企画書の書き方も、今までのやり方は通用しなくなっているのです。

そもそも、企画書は説得するためのツールではありません。

確かに説得力がなければ、それは優秀な企画書とは言えません。でもそれとこれとは別。説得するためにあると思っているのなら、今スグその考えを捨ててください。

例えば、
あなたは説得されて、モノを買いますか？

あなたは説得されて、今晩の食事を決めますか？

あなたは説得されて、恋人を選びますか？

違うでしょう。

あなたはそれが欲しいと思うから、買うのです。

あなたはそれを食べたいと思うから、食べるのです。

あなたはその人が好きだから、つきあうのです。

決して説得されたからではありません。

企画も同じです。説得するのが企画書の役割ではありません。

説得しなければならない相手とビジネスをしているから、不況になるのです。なかなか理解しない相手を説得して、理解させるほど現代のビジネスは悠長ではありません。

企画書を見て、わからないような相手なら、切ってしまうほうがいいのです。説得する時間があったら、別の相手を探したほうが何倍も効率がいい。

そうです、あなたの企画を待っている人をです。

いろいろな人にどんどん企画書を出してみて、あなたの企画を「やりたい」と思ってくれる人を見つけるほうがいいのです。

●「やりたい」という気持ちを引き起こす

そもそも、説得して決まった企画などうまくいくわけがないのです。

ほら、よく聞くでしょ、企画を実施し、その後思うような展開にならなかった場合、「だから言ったじゃないか、そもそも君の企画には反対だったんだよ、オレは」なんていう上司とかクライアントの話。説得するってことは、こういうことなのです。

「是非やりたい！」と思ってくれる相手であれば、こんなことにはならない。だって、相手を一緒に巻き込んでいるわけですから。

説得してやる仕事なんて面白くもないし、うまくいく確率だって低いんですよ。説得してつきあった恋人と、うまくいくわけない、ってことなら、誰だってわかりますよね（まぁ、あまりそういう人はいないでしょうけど）。

「じゃ企画書の役割って何よ？」

企画書の役割は、相手を説得することではなく、その企画を「やりたい」と思わせることなのです。そう、エクスペリエンス・マーケティング的な企画書は、ズバリ！

「映画の予告編」

なのです。

企画が映画の本編だとすると、企画書は映画の予告編です。

予告編の目的は「映画を観たい」と思わせ、「映画を観てもらう」ことです。

それと同じように、企画書の目的は「あ、これやりたい」と思わせ、その企画を「実施してもらう」ことなのです。

伝わってます？

ボクは映画館に行くと、本編と同じくらい予告編を楽しみにしています。近頃では、ＤＶＤが普及したおかげで、古い映画でも当時の「予告編」が特典映像で観られるようになりましたね。技術の進歩に感謝です。

予告編って、本当に良くできていますよね。予告だけでウルウル感動させられてしまうものもある。予告編だけつくっているプロがいて、どうしたらこの映画を観たいと思ってもらえるか、ということを必死に考えてつくっているわけですから、当然と言えば当然なのですけどね。あまり良くできすぎて、期待して本編を観に行くと、がっかりさせられることもしばしばありますが。

企画書は、「映画の予告編」だと思ってつくると、つくりやすくなります。

企画書は、企画に対するワクワク度を高める予告編なのです。

だから表紙のデザインも、題名もそういう観点で考えなければなりません。

「この企画を実施したい！」

そう思わせるためには、どうしたらいいか？　常にそういう視点をもって、企画書をつくることを考えていきましょう。

エクスペリエンス・マーケティング的企画書の書き方は、相手に企画をやりたいと思わせることが目的なのです。

行動を起こしてもらう企画書を書くために

- **企画書は説得するために書くのではない。**
- **企画書は映画の予告編だ！**

成功する企画書づくりのポイント⑤

企画書はラブレター！

●企画書で「思い」を伝える

ところで、企画書づくりを始める前に、考えておかなければならないことがあります。それは、「この企画の目的は何か」ということです。

「目的」というのは、

どういう人に、どういう行動をとってもらいたいか？

これだけです。カンタンでしょう。たったこれだけのことを、明確にすればいいんですから。

ところが、これが明確になっていない企画書が多いのです。

この企画を提案することで、「誰にどういう行動をとってもらいたいのか？」それが明確になっていなければ、企画書を提出する意味がありません。

ラブレターを書いたことありますか？　ラブレターは好きな人に思いを伝えるのが目的です。目的はひとつです。

「あなたのことが好きです」

ということを伝えるだけです。他の目的はありません。そのことを伝えるために、たくさんの言葉で「思い」を伝えるわけです。

●とことん相手のことを知る

その「思い」を伝えるためにどうするか？

ラブレターを出す相手のことは知りたいでしょう。どういう生活をしているのだろうとか、どんな音楽が好きなのだろうかとか、どういう料理が好みなのかなとか……。

企画書も同じなんですよ。

まずは伝える相手を知ることが重要なのです。

相手がどんな人なのか、どんな会社なのか。まずは相手についてとことん調べることが重要です。

企画を立てる以前に、まず相手の会社を知る努力をしていますか？　とても重要なことなのに、実際には多くの人がしていません。

好きな人をデートに誘うために、どういうことをしますか？　最近デートなんかしていないなぁ、と思った人は、昔を思い出してみてください。

相手の好みを想定して、自分と共通する趣味などの中から相手の喜びそうなプランを考えて、映画に行きましょう、コンサートへ行きましょう、アジア料理を食べに行きましょう、などと誘うでしょう。そのために、とことん相手のことを知ろうとするはずです。そうしなければ、デートに失敗することもありますから。

ここで、相手の趣味や嗜好が事前にわかっていれば、成功の確率も高くなると考えて、相手に直接、尋ねようとする人がいるかもしれません。

しかし、それは厳禁です。相手に、「どこに行きたい？」と聞くのは、まだまだ先のことです。だって「〇〇〇〇に行きたい」と言われて、そこに連れて行ってあげても、あまり感動しないでしょ？

彼女の普段の生活や会話から想像して、こういうところはきっと喜ぶはずと想像してデートに誘う。それが、相手にピッタリはまったとき、

そこに「感動」が生まれるのですよ。

企画書だって同じです。

「企画を実施してもらう」のが企画書の目的ならば、なによりも伝える相手を知ることが先決なはずです。

まずは企画を立てる前に、相手の会社の社史を調べておきましょう。今はたいていの会社が、

インターネットのホームページをもっていますから、ロゴマークからテーマカラー、社訓、詳細な業務内容、取扱商品までその企画に直接関係ないことまで調べることができます。

「企画の発展・展開」という見地からもこれは必要なことなんです。

「敵を知り、己を知れば、百戦殆《あや》うからず」です。

●目的意識の強さが勝敗を分ける

ラブレターの目的はひとつだと書きましたが、納得してもらえましたよね？

だけどラブレターだと「そうそう」と思うのに、ビジネスになると、途端にそれができない人って多いのです。

企画書も**目的はひとつ**に絞るべきです。

例えば、折り込みチラシに商品の紹介と従業員募集とが同居しているものを見かけます。

これはどっちが目的なのかがわからないですよね。

こういう販促物は、たいていの場合、反応が悪くなります。

目的が絞られていないからです。


目的が明確でないものは、どんなことでもいい成果は出ません。

広告をする場合でも、ダイレクトメールを出す場合でも、相手にどういう行動をとってもらいたいのかという目的を明確にしていないと、効果は薄くなります。

効果が薄くなるとはどういうことでしょうか？

新聞折り込みチラシ、ダイレクトメール、製品のパンフレットなどであれば、目的がはっきりしていないモノや、複数の目的をもたせたモノは、レスポンス（お客の反応）が悪くなります。今までこうした仕事をたくさん実践してきましたが、その結果は明らかです。

企画書も同じです。目的が明確でないと効果は明らかに薄くなります。

目的が曖昧、つまり、ひとつの企画書に複数の目的をもたせると、その企画書がわかりにくくなるのです。それは、企画の意図が相手に伝わりにくくなるということを意味します。

ひとつの企画にいくつかの目的をもたせるのは、一見合理的に思われますが、それは企画書としては失格です。

ボクも他人が書いた企画書をよく読みますが、なんとなく意味不明な企画書があります。そういう企画書は目的がひとつに絞られていないことが多いのです。

どこがポイントなのかはっきりしない企画書は、大きな損をしています。読んでいて何も伝わらないのですから。

●企画の詰めが甘くないか？

ひとつの企画書の中に目的がいくつもあるっていうのは、どういうケースでしょうか。

例えば、ある商品企画を立てたとします。

その企画書の中に、その商品を売るためのショップの企画やセールスプロモーションの企画などは、入れてはいけないということです。

アプリケーション（応用）として、ショップはこんなイメージです、とか、セールスプロモーションの考え方はこうです、ということが入っているのは、その新商品を開発するための「プラス要素」になりますから、問題はありません。

しかし、ひとつの企画書に「商品開発」「店舗デザイン」「セールスプロモーション計画」が同じボリュームで入っているのは、一見良さそうに見えますが、効果半減になってしまうってことです。

いったいどれがやりたいのかがわからなくなって、企画全体が曖昧になってしまうのです。

そういう場合は、３冊の企画書を出したほうがいい。

「ひとつの企画書、ひとつの目的」を忘れずに。

言いたいことが多すぎるということは、その企画の詰めがまだまだ甘いということです。

どんなものをつくりたいのか？
何をやりたいのか？
その企画書を読んで、どういう行動をとってほしいのか？

企画書をつくる前に、まずはこのことを明確にしておきましょう。

効果のある企画書を書くために

- **相手はだれなのかを明確にしよう。**
- **どういう行動をとってもらいたいかを明確にしよう。**

成功する企画書づくりのポイント⑥

企画書をつくった後のことも考える

●企画書は必ず2部保存する

つくった企画書を、あなたはどうしてますか？

そう、意外と忘れられているのが「企画書をつくってから後」のことなんです。企画書をつくりクライアントにプレゼン（プレゼンテーションの略。企画書の内容をクライアントに説明すること）すると、まぁ、首尾よく通ることも、不幸にもボツになることもありますよね。

実は問題はその後にあるんです。

まさか、

「あ〜あ、終わった、終わった。それじゃあ次の仕事」

とばかりに、せっかくつくった企画書をその辺に放り投げていたりしていませんか？

それでは、ダメです。

企画書をつくったら、会社用に1部、さらに自分用に1部必ずファイルしておく。

●企画書は仕事の履歴書、スキルの証明書

これ、なぜだかわかります?

面白い企画のできる人間は、営業力のある人間同様、どの世界にいっても重宝されます。

こんな時代、あなたの会社がいつ、なんどき、縮小、廃業、倒産しないとも限りませんよね。また、あなた自身の事情で会社を辞めなければならなくなることもあるかもしれません。

そんなとき、例えば自分で事業を始めたり、再就職するときなどに、自分自身の有力な財産となるのがこれまであなたがつくってきた「企画書」なんですよ。

現にボクのかつての部下は、転職時に、それまでつくりためておいた50冊以上の企画書を持って新しい会社の面接に臨み、

みごと就職に成功しました。

このように「企画書」は、あなた自身の「仕事の履歴書」「スキルの証明書」になるのです。

そのことを忘れずに、これから企画書をつくったら「必ず2部保存する」ように心がけましょう。

企画書をキャリアに生かすために

●企画書は必ず自分用と会社用に2部保存する。

COLUMN

誰でも企画の仕事はできる

企画の仕事をしたいのに、企画セクションではないという人や、上司が企画の仕事をやらせてくれない、という人いますよね。

でもそれで「企画ができない」と言っていると、一生企画の仕事なんかできません。

依頼がなくても、企画書を書くことはできます。

依頼がなくても、企画書を書きましょう。そして、書いた企画書を、上司や友人、クライアントにぶつけてみましょう。

ボツになってもいいのです。ボツになればなるほど、あなたの企画書の質はあがっていきます。ともかく企画をして、企画書を書いてみましょう。

今ほど企画を求められている時代はありません。それは世の中のスピードが速くなっているからです。企画提案のサイクルだって、短くなっています。ですから、企画もたくさん必要になってきているのです。

ともかくたくさん企画しましょう。最初は、真似から始めてもいいのです。

たくさん企画しているうちに、あなたらしい企画書の書き方や、あなたらしいアイディアが出てきます。それがオリジナリティとなって、あなたの価値が上がっていくのです。

オリジナリティをもつと、ビジネス上とても優位になります。

「これは君らしい企画だねぇ」と言われるようになったら、しめたものです。

あなたはもうプランナーです。

依頼があってからでは遅いのです。依頼がないうちに、依頼があったときのことを考えて、たくさん企画しておきましょう。依頼がないから企画ができないという人は、一生いい企画はできません。企画の仕事がしたいのなら、依頼がなくても企画書を書きましょう。

それが、名プランナーへの第一歩です。

PART 1

「序・破・急」で書く企画書づくりの超テクニック

「この企画、やりたい」と思わせるには当然、戦略が必要になってきます。この戦略が、企画書づくりの技術です。

企画書は提出する相手や企画の内容でも書き方が変わってきます。相手によって企画書を書き分けるのは当然のことです。しかし、やはり基本的なことができていないと書き分けることもできません。

ここで紹介するのは、戦略的な「企画書づくり」の基本となる超テクニックです。

これまでの常識は、忘れてください。

『序』──「つかみ」の技術①

「起承転結」が企画書をダメにする

●企画書の構成もスピード感が大事

それでは、「エクスペリエンス・マーケティング的企画書づくり」を始めましょう。

まず、最初にあなたがすることは、企画書の全体構成を考えることです。

企画した内容を、どのようにして企画書にまとめあげるか？　企画書の全体構成というのは、とても重要な要素です。

これがしっかりできていないと、あなたの企画書は、目的が曖昧になって、何を言っているのかわからなくなります。

伝えたいことが、伝わらなくなるのです。

では、全体構成はどのようにして考えていけばいいのでしょうか？

普通、ここで出てくるのが、「起承転結」です。

そうそう、小学校の時、作文の時間に教わったあの構成方法です。

でも、この「起承転結」がダメなのです。

企画書の書き方の本などには、企画書の構成は「起承転結」をしっかり考えなければならないと書いてあるモノもあります。

でも、これからの企画書は、それでは通用しません。まどろっこしすぎて、よけいなものが多すぎるのです。

「起承転結」では、「承」くらいでもう見てもらえなくなります。

社会の動きが、より速く変化しています。情報の流れが、想像以上に速くなっているのです。その情報の速さに合わせることのできない企業は、生き残ることができません。

企画書も、それについていけるスピードが必要なのです。

●世阿弥の教えは企画書づくりに通ず

「起承転結」でなかったら、どういうふうに構成すればいいのでしょうか？

日本の伝統芸能の中に、ヒントになる考え方があります。日本オリジナルの方法で、現代社会のテンポの速さにはぴったりの考え方です。

それは「序破急」です。

企画書は「序破急」のテンポで展開させます。

「序破急」とは、世阿弥が伝えている能の基本理念です。

「あらゆる物事を通じて序破急ということがある……」

と、世阿弥は『風姿花伝』の中で言っています。

「序破急」は、『序』―ゆったりとした導入、『破』―主要な展開、『急』―短く躍動的な終結を意味しています。

能の全体構成から、ひと足の足の運び方まで、この理念が支配しているのです。劇作法、演技、舞台美術、音楽、すべてがこの「序・破・急」の構成になっています。それはもう、みごとなくらい……。

『風姿花伝』は、世界で最初に演技論を体系化した本で、能だけではなく、さまざまな伝統芸能に影響を与えています。600年前の芸術論。それは、もう本当にすごい。

ボクは大学の専攻が演劇学だったもので、学生の頃からおなじみのようになっていますが、何度読んでも、感心してしまいます。まだ読んだことがない方は、是非一読をおすすめします。

「創造」の根源といっても大げさではない、そういう「哲学」をあらわしている書物で、奥が深いのです。芸術のことだけでなく、マーケティングのことや、仕事のことなどでも、多くの「気づき」があること請け合いです。

さて、世阿弥が「序・破・急」について述べているのは『風姿花伝』だけではありません。『花鏡』の「序破急之事」に、「ひとさしの舞を、序・破・急という変化の秩序にあてはめるように構成し……」と書いています。

「序・破・急」は、何か統一された時間に、必ず必要とされたテンポなのです。

例えば、能の劇作法――シナリオの構成の仕方で見てみましょう。

能の構成は、

『序』で、静かにゆっくり「事」が始まる。

『破』で、突然「事」が広がり、ドラマティックな展開になる。

『急』で、急速に完結していく。

という3段階になっています。

この構成を企画書につかうのです。

●序・破・急で構成を分解してみると……

前に「企画書は映画の予告編だ」と書きました。そうです、まさに映画の予告編というのは、この3段階の構成になっているのです。

『序』…最初に印象的なキャッチコピー
『破』…内容を観たくさせる展開部
『急』…結末を予想させるドラマティックなエンディング

映画の予告編、構成はほとんど「序・破・急」です。

そう思いませんか？

バブル経済華やかなりし頃は、「構想8年総制作費○○億ドル!!」だとか、有名監督だと「フランス映画の巨匠――感動巨編」だとか、「スクリーンが涙で見えない」「今明かされる真実」などなどの、スペック系のキャッチコピーが多かったものです。最近多いのは、「今世紀最高の愛の物語〈ニューヨークタイムズ紙〉」や「間違いなく、あなたは泣くでしょう〈CBSエンターテインメント・キャスター○○○○〉」など、引用系の興味を惹くコピーが真っ黒い画面いっぱいにあらわれるパターン。――〈これが「つかみ」(序)〉

そして、ストーリーを垣間みせながら、意味深なセリフのシーンを集めて「なんだ？　どういう意味だ？」と疑問を抱かせたり、良いシーンを途中で切って「もっと観たい！」という欲求を起こさせたりする。――**〈これが「展開部」（破）〉**

最後にクライマックスの感動的なシーンをちょっと観せたり、主題歌のサビをもってきてジンとさせたり、あるいは、ここにもキャッチーなコピーをもってきて、たたみかける場合もある。――**〈これが「結論」（急）〉**

こうした「序・破・急」の展開によって、限られた短い時間で、観客の注意を惹き、興味をもたせ、もっと観たいという感情を引き起こすわけです。

良くできた予告編というのは、ほとんど例外なくこういう構成になっています。

やっぱり、これって「起・承・転・結」では長すぎるでしょう。

だから、「序・破・急」になっているのです。

●ラストに向かって話を盛り上げる

良くできた映画の予告編は、「序・破・急」の構成になっているっていうこと、伝わりました？

でも「序・破・急」なんて、あまり普段聞かないから、気に留めていないですよね。

ここでは、カンタンに「企画書は三つに分かれて構成されているんだな」と思っていただいてけっこうです。

あっ、もっと身近な例がありますね。「序・破・急」が他にもつかわれているわかりやすい例があります。それは、日本人ならほとんどの人が知っている「落語」。

この落語が、やはり「序・破・急」の構成になっています。

一席の落語は、通常、三部に分かれています。

●**まくら（導入部）**

●**本題（展開部）**

●**オチ（終結部）**

ねっ。これって「序・破・急」に対応させて考えることができるでしょう。

とくに落語の場合は、命と言っても過言ではない「オチ」が重要です。サゲとも呼ばれています。咄《はなし》のラストに用意されている笑いで、ここでどっと沸かせることで咄は完結するわけです。

ラストへ向けて話を盛り上げ、一気に落とし、それをもってきっぱり終わるのです（だから「落語」って言うんですね）。

読み手を惹きつける企画書を書くために

- **今までのノウハウは、あまり役に立たないと認識しよう。**
- **スピードアップしよう。**

『序』──「つかみ」の技術②

企画書は「序・破・急」で書く

●「序・破・急」的な企画書の構成とは？

企画書の構成は、「起・承・転・結」ではなく「序・破・急」で考えたほうが、今の時代に合っているということを、前の項で述べました。

それでは、企画書の構成を具体的に「序・破・急」で考えてみましょう。

●『序』──「つかみ」の部分です

①表紙
②はじめに
③目次

などが、この部分に当たります。

「つかみ」の役割ですから、重要な部分になります。

ここで求められるのは、「期待できそうな表紙」「読んでみたくなるタイトル」「この企画に対する態度」「企画の発想の背景や課題の提示」など。目次が必要ならば、この部分に入ります。

●『破』――「企画の展開」の部分です

企画でいちばん重要なことが、この部分に入ります。

①企画の全体像
②課題の解決法
③企画の概要
④具体的な内容
⑤具体的な計画

などを、展開していきます。

読む人にこの企画をやりたいと思わせることが目的です。

この「破」の部分を、さらに三つ（序・破・急）に分けて構成すると、もっと効果的になります。

●『破』の中の「序」の部分

まず、最初に結論を言ってしまいます。

企画の目的、どういうことを目指すのか、どういう課題を解決するのか、この企画を実施することで、どういうメリットがあるのかを言ってしまいます。

つまり、いちばん言いたいことを、はじめに言うのです。

中心命題として出すわけです。

この後の企画書の流れは、この中心命題を伝えるために、さまざまな項目や資料を付けて展開していきます。

これは、サビを頭にもってくるという考え方です。ヒット曲の中にもいきなりサビから始まるモノがありますよね。ハリウッドの映画も最近はこの

「サビあたま」の手法がとられているものが多い。

ここで、相手の心をぐっと、つかまなければならないわけです。

あなたの企画に興味をもってもらうわけです。

ここでボクがよくつかうのは、企画の全体を見渡せる「コンセプト・マップ」という手法です。

「コンセプト・マップ」とは、企画の全体を図式化したものです。これを見ればこの企画がどういうモノかが、一目でわかります。

例えば、水族館の企画書の「コンセプト・マップ」は、来館者が体験することを図式化したものです。

エントランスから始まって、どういうテーマの展示を見て、どこでレストランを利用して、どこで買い物ができるという流れを、企画書の頭であらわすのです。

「これを見れば、一目で全体がわかる」、それが「コンセプト・マップ」です。

●『破』の中の「破」の部分

「序」で展開したいちばん言いたいことを、いろいろな要素を加えて解説していきます。具体的には、詳細の説明だったり、展開の解説だったりします。

企画書は「序・破・急」で書く

序

つかみ

①表紙
②はじめに
③目次

破

企画の展開

①企画の全体像
②課題の解決法
③企画の概要
④具体的な内容
⑤具体的な計画

序

企画の全体像

（コンセプト・マップなど）

破

企画の詳細解説

課題の解決法
企画の概要
具体的な内容
具体的な計画

急

企画の応用

メイン企画から派生する「アプリケーション企画」を解説

急

結論

企画を実施することによって得られる結果
実現可能であることの再確認
資料（予算、スケジュール、スタッフ紹介など）

例えば、コンセプト・マップで水族館の全体像をあらわした場合、ここではそれぞれの展示の詳細な説明をするということです。

そのため、展示プランのスケッチや、ミュージアムショップ（水族館の売店のこと）で発売する商品の写真などを入れ込みます。

企画書の中で、いちばん詳細に書く部分です。

●『破』の中の「急」の部分

最後に、さらに企画を魅力的にしたり、メインの企画を補強したりする企画などを入れていきます。これは、企画を応用するためのモノです。

これをボクは「アプリケーション（応用）」と呼んでいます。

水族館の場合で言えば、「運営するためにボランティア組織をつくります」ということや、「インターネットをつかった集客のしくみを強化します」など、関連する企画で、より水族館を魅力的にするような応用編です。

●『急』――「結論」の部分です

もう一度、この企画をやることによって、どういうことになるか？　あるいは、この企画が実現可能なものであることなど、あなたがもっていきたい結論に導いていきます。

また相手にどういう行動をとってもらいたいのかを、述べるところでもあります。

説得力や信頼性を裏づけるために、さまざまな資料をつかう場合もありますよね。基本的に

基本的な企画書のページ割り

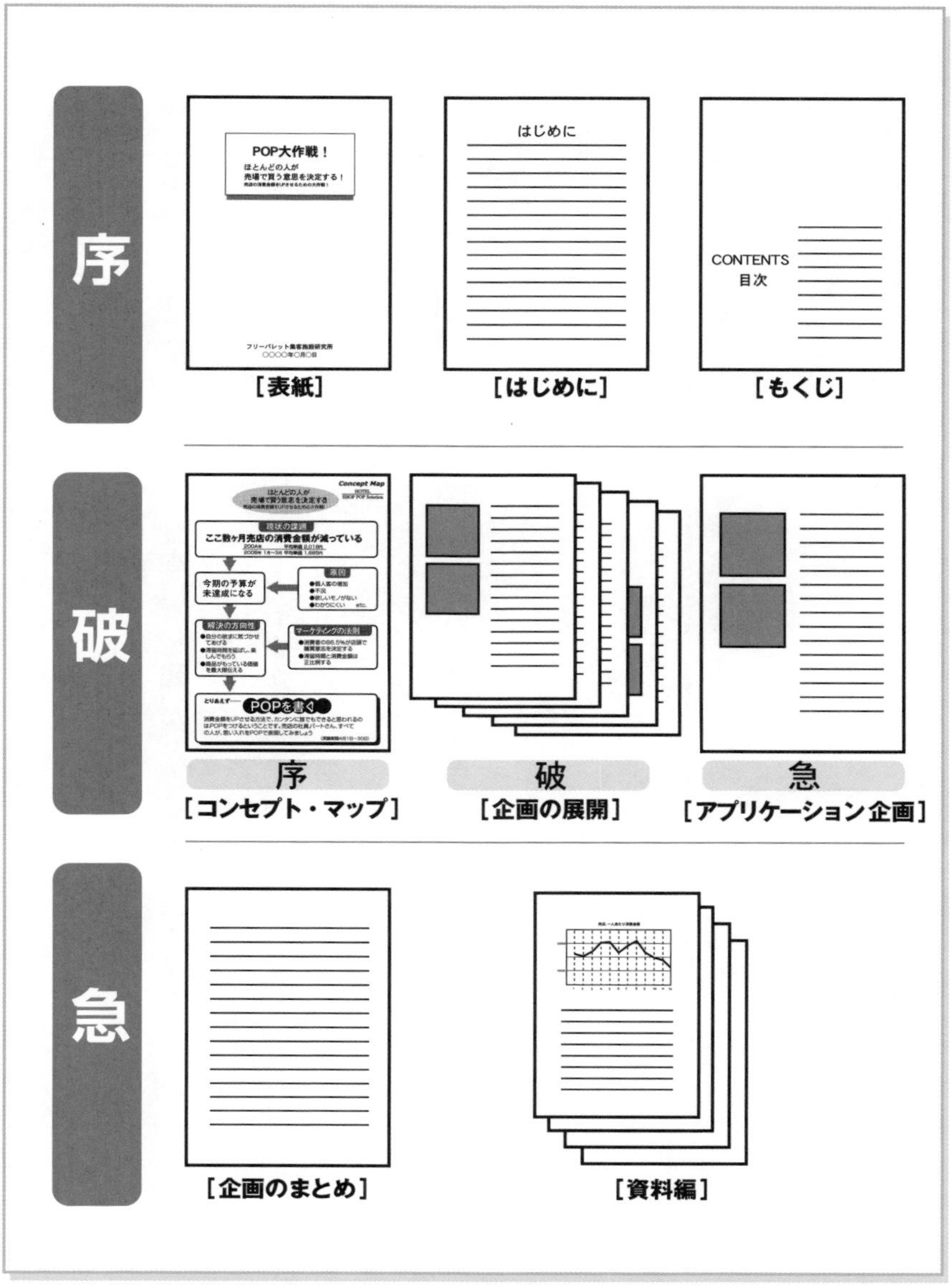

そういった資料は「資料編」として、この部分に入れます。予算、スケジュール、スタッフの紹介などがこれに当たります。

資料が多い場合や、解説が必要な場合などは「別途添付」として、企画書とは違う冊子にすることもよくあります。それは提出する相手、企画内容で臨機応変に変えていきます。

エクスペリエンス・マーケティング的企画書は、おおまかに言うと、このような構成になるわけです。

それぞれの詳細は、後ほど述べます。

ここでは、ともかく全体の構成は、

「序・破・急」

にする、ということをしっかり理解しておきましょう。

スピード感あふれる企画書を書くために

- **「起承転結」は忘れよう!**
- **サビをあたまにもってこよう。**

『序』―「つかみ」の技術③

企画書の顔はやっぱり表紙

●表紙に載せるべき情報

表紙は企画書の重要な部分です。

クライアントや上司など、企画書を提出する相手の目に最初に触れる部分ですから、気をつかわなければなりません。

よく言われることですが、「表紙は企画書の顔」です。デザイン的にも内容的にも、魅力的な顔にしなければなりません。

でもその前に、押さえておかなければならない基本があります。それは、表紙には、どういう情報が必要かということです。

決まりごとはありませんが、最低限必要な情報があります。

これだけは必ず載せましょう。

- ●企画のタイトル
- ●補足するためのサブタイトル

- 提出先の名前
- 提出者の名前
- 提出日

タイトル、サブタイトルは顔の中の顔

表紙の中でもいちばん目立たせたいのは、「企画のタイトル」と「補足するためのサブタイトル」です。

この二つは、顔の中の顔といってもよいほど重要な要素です。

デザインや大きさを工夫して、ともかくここに目がいくようにつくります。

そのためには、アンダーライン、ブロック（囲み）枠、フォント（字体）、サイズ、カラーなどをよく考えてつかう必要があります。

提出先の名前をタイトルに入れ込む

「提出先の名前」というのは、クライアント名などのことです。

通常のやり方だと、「○○○○御中」などと書いて、企画書の上のほうにレイアウトします。

しかし、エクスペリエンス・マーケティング的企画書では、必ずしもそうしたパターンにこだわる必要はありません。

「○○○○御中」という言い方は、ちょっとカタイでしょう。

実は、ボクは今までつかったことがありません。

じゃあ、どうするか？

タイトルやサブタイトルに相手先の名前を入れる

という方法があります。

例えば、

「○○○○レストラン　21世紀型新業態企画」

「○○○○書店　体験型店舗のご提案」

「株式会社○○○○　ライフスタイル提案型　新商品企画」

といったスタイルです。

ただし、後ほど紹介しますが、エクスペリエンス・マーケティング的タイトルの付け方では、メインタイトルで「～のご提案」とか、「～の企画」というようにストレートに企画の内容をあらわすことはしません。ほとんどの場合、「サブタイトル」にもってきます。

まずメインタイトルで興味を惹き、サブで内容をあらわすのです。

だから、メインタイトルに相手の名前を入れるときは、次のような感じになります。

「○○○○の店舗は、入場料を取れるでしょうか？」

――新しい体験型書店のご提案

これはある大手書店チェーンに提出した企画書ののタイトルです（次ページ参照）。
ここの○○○○に、クライアントの名前が入っているわけです。

●ビジュアルイメージにクライアントのロゴを入れる

他に、表紙のビジュアルイメージに、クライアントの名前やイメージを入れるという手もあります。

ビジュアルイメージというのは、表紙に入れる写真やイラストなどのことです。

ボクは表紙によくビジュアルイメージをつかいます。

デザイン的にそのほうがいいし、企画書の内容を想像させるには、写真やイラストが入っていると、より効果があるからです。ここに、クライアントのロゴマークを入れることもあります。デザイン的に処理して、

「この企画書は、あなただけに宛てられたものなんですよ」

ということを、さりげなく演出する方法です。

何も礼儀正しく「○○○○御中」なんて書かなくても、こういうふうにすれば、全然失礼ではないでしょう。

これで失礼だ、なんて言うクライアントがいたら、そこの仕事はやらなくてもいいのです。

そんなことで「目くじら」を立てるクライアントは、その後のビジネスでも、対等の関係にはなれません。早めに手を引きましょう。

タイトルに会社名を入れてみる

New Book Store

クライアントのロゴを入れるのも手

会社名を入れる

メインタイトル

「○○○の店舗は、入場料を取れるでしょうか？」

新しい体験型書店のご提案

サブタイトル

自社名

Free Palette
フリーパレット 集客施設研究所

○○○○年　○月

提出日

●自社名はこじんまりとさりげなく

「提出者の名前」というのは、企画書をつくった会社やあなたの名前です。

これは会社名だけでもいいですし、会社のロゴマークでもかまいません。部署名を入れたり、時にはあなたの個人名を入れることもあります。コンペの時などには、連絡先として電話番号を入れることもあります。

注意しなければならないのは、クライアントの名前よりも大きくならないことです。

基本的には、表紙の下のほうにさりげなく入れます。ボクはＡ４縦の企画書の場合、下のほうの中心に入れています。

●提出日の表記法は臨機応変に

「提出日」というのは、提出した日です。

プレゼンテーション（企画書の内容をクライアントに解説すること）があれば、その日。単に提出するのでしたら、提出日です。

日付の表記方法には、和暦と西暦のふたつの表記方法があります。

●令和×年７月４日

●２０××年７月４日

基本的にはどちらでもいいのですが、企画内容や相手によって変えることもあります。

お役所関係に提出する場合は和暦のほうがなじむようですし、お洒落なカフェの企画などの場合は、

●4. July. 20XX

などと英語表記にすることもあります。

日までは書かず、月で止めておく場合もあります。それは、さまざまな状況で変えていけばいいことです。

以上、最低限これだけの情報を載せるということを押さえておけば、後は自由に工夫してかまいません。

本文はモノクロでも、表紙だけはきれいなカラーにしてもいいでしょうし、表紙の紙だけ素材を変えてもいいでしょう。

ともかく「表紙は企画書の顔」なのですから、工夫を凝らして魅力的になるようにブラッシュアップしていきましょう。

興味を惹く企画書をつくるために

- **表紙は魅力的にすることを考える。**
- **「○○○○御中」などとは書かない。**

『序』――「つかみ」の技術④

あらゆる企画書はタイトルが勝負！

●読まれなければただのゴミ

企画書は、タイトルが非常に大きな役割をもっています。企画の成否を決定するほどの、重要な役割です。

「企画は内容が重要、タイトルになんか凝らなくていい」なんて言っていては、企画をする資格はありません。

企画書は、タイトルで半分以上は決まると言ってもいいくらいだからです。

なぜかって？

それは、あなたの企画に興味をもってもらわなければならないからです。企画書の中身に期待を抱いてもらわなければならないからです。どんなに中身が良くても、読み手が興味を示さなければページを開いてもらえません。

あなたがいくら知恵を絞ってまとめ上げた企画書でも、クライアントや上司に興味をもってもらわなければ、それはただの紙です。普通紙だったらまだつかい途がありますが、つまらない企画書は、裏紙としてしかつかえない、ゴミです。そうならないためにも、興味をもってもらえるようなタイトルにしなければなりません。

興味を惹き、読んでもらう。そしてそこで展開される企画を実現してもらうのです。

つまり企画書は良い企画であると同時に、読み物としての面白みも必要ということです。

そのためには、表紙のタイトル、各ページのタイトル、見出し、小見出しなどで注意を惹き、興味をもたせる言葉をつかうことが必要なのです。

●雑誌の見出しはお手本の宝庫

決まり切ったパターンで目立たない企画書ばかりつくっていませんか?

「俺の企画書ってなんかいつも平凡……」

そう感じている人は、まず自分の気に入った雑誌や新聞の見出しや、タイトルを参考にしてみましょう。

例えば、誰もが手に取りたくなるようなキャッチーなタイトルがほしいときは、**『週刊文春』**や**『東京スポーツ』『通販生活』**の見出しを真似てみる。

なにもスキャンダラスなことを書けって言っているわけではありません。

「なんだコレ⁉」と思わせるインパクトのあるタイトルでなければ、退屈な第一印象になってしまうということなんです。

先を読みたくなるコピーを考えろということですね。

それからちょっとクールでお洒落な内容の企画書には、**『ヴォーグジャパン』**や**『ブルータス』**

の見出しなんかも、とても参考になります。

今まで無意識に見ていた雑誌も、改めて見てみると「さすがプロの仕事」という感じで実にうまくつくられていることに気づくはずです。雑誌は、目にした人の興味を惹かなければ売れないわけですから、プロが必死に考えてつくっているのです。本当に参考になります。

あなたが面白いと思った雑誌の「見出し」を、参考にしてみましょう。

自分が面白いと思う見出しは他人が見たって面白いわけですから、それを真似しない手はありません。

●人の心をつかむタイトルとは?

ところで、夏目漱石の、

『吾輩は猫である』

読んだことありますか? ほぼ100年前に書かれた小説ですが、今読んでも、とても面白いですよね。名作です。

物語としても面白いですが、タイトルも傑作ですね。

「吾輩は猫である」――いいネーミングですよね。

でもこの小説、最初は違う題名でした。


「猫伝」

というタイトルだったのです。これじゃインパクトもないし、猫の飼い方の本なのかなと思われてしまいそうですよね。内容がどんなに面白くてもそれが伝わらない。

高浜虚子の提案で、漱石はこの小説の題名を、「吾輩は猫である」に変えたのですが、読み継がれる名作も、人の心をつかむタイトルの良さ、ネーミングが命になっているのです。

ネーミングと言えば、商品開発をする場合、商品名は慎重に慎重を重ねて検討されます。商品が売れるかどうかは、その商品のネーミングが大きく影響するからです。

「電子レンジ　チン！してふくだけ」
「まかせて！野菜のお献立」
「隠れ家レストランの贅沢なシチュー」

など、ネーミングで売れている商品があります。

まるで、「キャッチコピー」がそのまま名前になったような商品。これ、けっこうヒットしています。お店に来るお客さんはパッと商品を見てそれが自分に必要か、興味があるか3秒で決めるというマーケティングのデータがあります。また消費者の85・6％の人が、店頭で購買の意志を決定するという調査結果もあります。ということは、ネーミングで注意を惹くことが、売上に影響するというのは、当然のことです。

お客さんのそんな心理から、商品名を見ただけでその特徴、効果がわかるネーミングにすると、目に留まりやすく、記憶されやすくなるわけです。

商品のネーミングが大切なように、企画書も表紙のタイトルが重要です。

タイトルは、

●**内容が伝わりやすく、**
●**興味をもってもらえて、**
●**記憶されやすい、**
●**インパクトのあるもの、**

にしたほうが、マーケティング的にも有利です。

題名の付け方ひとつで、その企画書に興味をもってもらえるのか、もらえないのかが決まるのですからね。

とくに表紙は、読み手にとっては、最初に出会うモノ。

「第一印象」「ファーストインプレッション」になります。

この「第一印象」が、その後の展開に大きく影響してくるのです。

興味を惹く企画書をつくるために

- **タイトルは、雑誌を参考にしてみよう。**
- **第一印象を大切にしよう。**

『序』―「つかみ」の技術⑤

メインタイトルとサブタイトルを

●タイトルを見たクライアントの目が輝いた

以前、ある住宅メーカーに企画書を出した時のことです。デザインコンペだったのですが、ちょうど提案に行くと、他の会社の企画書がテーブルの隅に乗せてありました。それをちらっと見ると、表紙に写真があって、その上に、

「株式会社〇〇〇〇ホーム　ショールームご提案書」

とありました。

「なんともったいないことを」と思いながら、こちらの勝利をにわかに感じたものです。

ボクの企画書のタイトルはこうです。

「『〇〇〇ホーム　ショールームはエキスポだ！』」

（もちろんカギカッコつき）

その下にはサブタイトルで、

――見て回っているだけで、「そのうち客」を「ホット客」に、「ホット客」を「契約客」に

してしまうショールームの企画――

という文句を載せました。

当時、博覧会がはやりでエキスポという言葉が多くつかわれていたので、ショールームを博覧会というコンセプトでデザインしてみたのです。

最初にこの企画書の表紙を見たとき、その会社の社長さんも、担当の部長さんも、目が輝きました。

「これからどんな企画が出てくるのか？」

「なんだか面白そう！」

「そうか！　気づかなかったけど、ショールームはエキスポだよな」

「見て回っているだけで、客が自然にウチと取引したいと思ってくれるなら、それはショールームとしては成功だ」

という心理になったことは、明らかです。

もちろんこのコンペはいただきました。

●へりくだりすぎは逆効果

この時のコンペで他社が出したような、「○○○のご提案」というタイトル、実によく見かけます。とくに、クライアントから直接、企画の提出を依頼されるのではなく、他の会社を介して依頼された仕事の場合など、こうしたタイトルで頼まれることが多いようです。

しかし、こういった企画書を頼んでくる仲介会社は、たいてい仕事が取れないか、あいみつ(他社と見積を比較されていること)で価格を値切られる、というパターンが多いのです。

なぜなら、クライアントに対して、「対等ではない」からです。いわば「ご用聞き営業企画」というわけですね。

提案するクライアントに対して敬意を払うことは当然のことですが、妙にへりくだってご用聞き営業のように「ご提案」などというタイトルを付けるのは、もうやめにしましょう。

ボクは正直言って「○○のご提案」というメインタイトルを付けたり、「はじめに」の後に「今回は、弊社にご提案の機会をお与え下さいまして、誠にありがとうございます」と書いたりするような企画書は、企画書の範疇に入らないと思っています。

だってそうでしょう。あなたが提案する企画が、お客さまの会社にとって、本当に価値のあるものなのだったら、なにもそんなにへりくだることはないのです。へりくだらなければ決まらないような企画は、本当のところ、あまり価値がないものなのですよ。

「でも、仕事だからそんなこと言えないんだよね……」

もちろん、そういう場合もあるでしょう。そういうときは、表紙の考え方でも書いたように、「○○のご提案」をサブタイトルにもってくる方法をつかえばいいのです。

「あなたの店舗は、入場料を取れるでしょうか?」

——新しい体験型書店のご提案

というふうにすると、違うでしょう。

これは前出のある大手書店チェーンに提案した企画書のタイトルです。企画書のタイトルは、何の企画書であるか一発で言いあらわすことも大切ですが、興味を惹くようなキャッチーなコピーで目を留めさせ、必要ならばサブタイトルで補足説明するなどの、工夫が必要なのです。

●サブタイトルで感情に火をつける

さらに、この場合、その下にもうひと押しのサブタイトルを付けました。

「インターネット時代　書店は入場料を取れるほどの感動を提供しなければ　つぶれます」

このサブタイトルには、感情に火をつける役割があります。

感情に火をつけるということは、この企画書を読んでみたいという感情を引き起こすことです。次の詳しい情報を見たいという気持ちにさせる、そのトリガー（拳銃などの引き金のこと）の役割なのです。

これを、「サスドラ方式」のタイトルと言います。

え？「サスドラ」って何かって？　それは、「サスペンスドラマ」のことです。

テレビの2時間枠でやっているシリーズものです。

あのタイトル、長いと思いませんか？　例えばこんなタイトルです。

「温泉㊙大作戦・能登半島を巡る究極のズワイガニと伝統の技・輪島塗の美に隠された連続殺人の謎！」

ね、すごく長いですよね。

サブタイトルで「読みたい」と思わせる

New Book Store

「○○○の店舗は、入場料を取れるでしょうか？」

新しい体験型書店のご提案

インターネット時代
書店は入場料を取れるほどの感動を提供しなければ
つぶれます

これが「サスドラ方式」。
長めのサブタイトルで
感情に火をつける

Free Palette
フリーパレット 集客施設研究所

○○○○年　○月

このドラマのタイトルは、「温泉㊙大作戦」なのですが、新聞のテレビ番組表には、あら筋の想像がつくような、感情を刺激するサブタイトルをうたっています。新聞のテレビ番組表を見た人に、「あ、見てみようかな」と思わせたり、「あ、このシリーズ、面白かったわ」と思い出させたり、さまざまな感情を刺激して、番組を見てもらうために役立っているわけです。

今は、どのテレビ局でも、2時間のサスペンスドラマがありますよね。そしてメインタイトルの他に、サブタイトルで同じような手法がとられている。視聴者の興味を惹くような、長いサブタイトルがついています。やはり、このサブタイトルがあるのとないのとでは、視聴率が変わってくるのです。最近では、この傾向がより顕著になってきています。数年前に比べて、今はかなり長くなっている。

つかわれる言葉も、なんだかよく似ていると思いませんか？　近頃は旅情ミステリーがはやっているので、「湯けむり」「旅情」「ツアー」とか、「京都」「伊豆」「北海道」などの観光地の名称が頻繁につかわれています。また男性の視聴者を取り込むのが狙いか、はたまた、女性視聴者も興味をもっているのか、「女」という言葉や、「女探偵」「女弁護士」など、女性が主人公であることを印象づけるような言葉をサブタイトルに入れるものが増えています。

このように、いろいろな工夫をして、サブタイトルを考えているわけです。

サブタイトルは、番組がどういう内容なのかを想像させ、見たいという感情の引き金を引かせるために、存在しているのです。

付けたほうが、付けないより視聴率がいいわけです。

企画書のタイトルも同じです。

タイトルだけではもったいないのです。

表紙は、読んでみたいと思わせる、感情のトリガーを引かせる役割なのですから、サブタイトルは不可欠と言ってもいいでしょう。

エクスペリエンス・マーケティング的企画書のタイトルは、

「メインタイトルは短く、サブタイトルで感情のトリガーを引かせる」


です。

クライアントの興味を惹きつけるような、魅力的なサブタイトルを考えることに全力投球しましょう。

興味を惹く企画書をつくるために

- **「○○のご提案」というのをメインタイトルにしない。**
- **感情のトリガーを引かせるために、サブタイトルは必ず入れよう。**

『序』――「つかみ」の技術⑥

やってはいけない！タイトル付けの落とし穴

●短いほうがいいとは限らない

タイトルは短くわかりやすいものにするのが普通ですが、絶対にそうしなければならないというわけではありません。

今までの企画書の書き方の本には、「12文字、だいたい10文字くらい」がいいという解説もありますが、一概にそうとも言えないのです。

「興味をもってもらう」のが目的ですから、長いタイトルのほうがいい場合もあります。

「たった、2000円のコストで、年間1億2000万円も売上が伸びたレストランがあります。それは、視点を変えるだけの、とてもカンタンな方法でした。誰にでもできる、その考え方とは……」

これは、以前、ボクがある関西の外食チェーンの本部に提出した企画書の題名ですが、長いでしょう。

「エクスペリエンス・マーケティング」を取り入れてもらうための、企画書だったのですが、続きを読みたくなるよう、興味をもたせたわけです。

興味をもたせるのが、タイトルが担う最大の役割です。

興味をもたせるためなら、どうしてもタイトルを短くしなければならない、ということではないのです。

●カッコよさに走らない

でもここで勘違いしてほしくないのは、

イメージだけのタイトルではダメ

ということです。

いちばんやってはいけないこと、それはイメージだけでタイトルを付けるということです。イメージだけでは「何のことかわからない」からです。何のことかわからないモノが、伝わるはずがありませんよね。

前に、「雑誌を参考にしよう」と、書きましたが、雑誌に載っている「広告」を参考にしてはいけません。あるいはポスター、TVCMなどもダメです。

マス広告は参考にしてはいけません。

マス広告は、イメージを訴求しているものが多いからです。イメージ広告は一見カッコよく、芸術性も高く、広告づくりを志望している学生たちの憧れです。「CMの賞なんかを受賞するようなコピーライターになりたい」、そう思っている学生がたくさんいますよね。

もちろんイメージ広告が有効な商品もありますが、巷に出回っている広告はほとんどがマーケティング的には意味がないものが多い。それに、イメージ広告は、莫大な広告予算がないと意味（効果）がありません。

そういうものは、お金の余っている大企業に任せましょう。効果のないイメージ広告をバンバン出稿していただいて、無駄金をドンドンつかっていただきましょう。そして広告代理店に儲けてもらって、日本経済を少しでも活性化させてもらいましょう。

でも、お金が余っているわけでもないのに、なんとなくカッコイイから、イメージを訴求するタイトルを企画書につけてしまうことがあります。

少なくとも、この本を読んでいる方はそういうことをしないように。

イメージだけのタイトル、例えば「クオリティライフへの誘い」とか「プロヴァンスの風」とか、何のことだかわからないようなタイトルを、企画書につけないように注意しましょう。

●「造語」は失敗のもと

また「造語」をつかうのも難易度が高い。

よく新製品などの企画で、その商品の呼び方を造語でつくって、企画書のタイトルにすることがありますが、これはむずかしい作業です。

よほど素晴らしいネーミングができたときか、慣れたプランナーがやらなければ失敗します。

今までにない言葉づかいなので、理解できず興味がわかないのです

そういう**ひとりよがりな造語**は、認知されず、記憶にも残らない。

例えば、ボクがつくった造語「エクスペリエンス・マーケティング」。「エクスペリエンス」も「マーケティング」も、今まであった言葉なので、すんなり認知され、「あ、体験のマーケティングなんだな」と想像してもらえます。

でも、これを略して「エクスペ・マーケ」などとやっちゃうと、何のことだか誰にもわかってもらえず、失敗してしまうでしょう。

以前あるビジネス書で、「モテビジの法則」というタイトルの本があったのですが、これなんかは、造語で失敗した例です。

「モテビジ」というのは「もてるビジネス」の略で、恋愛の考え方でビジネスをやると、成功するという内容の本です。

内容はとても面白くて、けっこう役に立つことが書いてあるのですが、悲しいかな書店に平積みにされていても手にとってもらえない。

だって「モテビジ」なんて言葉、今までにないのですから、興味のもちようがないのです。これなんかは、内容の良さが、タイトルのせいで伝わらなかった例です。

安易に「造語」をつかうのは危険です。

戦略を考えない、ひとりよがりなタイトルは、企画書の質も落としてしまうのです。

●メリットを感じるタイトルを付ける

タイトルは、あくまでも企画書を読む人が、中身を理解できて、興味をもってくれるようなものにすべきです。

法人向けであれば、法人がメリットを感じるタイトルにすればいいわけです。

法人のニーズというのは、だいたい次のふたつに集約できます。

ひとつは、「売上をあげたい」。

売上があがる、利益があがる、認知されるなど、結果的に会社の利益が増える要素。

もうひとつは、「コストを削減したい」。

コストが削減される、効率が良くなる、社員のモチベーションがあがるなど、結果的に会社の損が減る要素。

これを満たすようなタイトルにすると興味を惹くということ。

例えば、

「まだ今のシステムで損をし続けますか？」

―ブロードバンドを最大限につかった新システムのご提案

「すでにたくさんのお店が、集客で成功をおさめています」
――自動的に売上があがるディスプレイ企画

もしあなたが、この会社のシステム担当者だったらどうですか？
売上をあげることを使命にしているお店の店長だったらどうですか？
きっとこういうタイトルの企画書だったら、中を読んでみたいと思うでしょう。
そんなことを念頭におきながら、タイトルは慎重に考えて決めましょう。

興味を惹く企画書をつくるために

- **イメージだけのタイトルはやめよう。**
- **ひとりよがりな造語はやめよう。**

『序』──「つかみ」の技術⑦

売れる言葉、買わせる言葉にはセオリーがある

●効果的なタイトルづかいの法則とは？

企画書のタイトルや各ページの見出し、本文中の小見出しにつかうと、効果的な言葉があります。

ボクは今までにたくさんの企画書を書いてきました。その中で、こういう言葉をつかうとクライアントの興味を惹く、という言葉があることがわかってきました。

ある一定の法則めいたものがあるのです。

興味をもってもらうための、

「売れるコトバ・買わせるコトバ」

の法則です。ここで、それをひとまとめにしておきます。

これは、企画書だけでなく、チラシやダイレクトメールなどにもつかえるお得なリストです。

法則① カンタンにできることを訴求する

カンタンにできるということは、とても興味を惹きます。

「社員のモチベーションをカンタンにあげる、社内報のご提案」

「初公開！　簡単に売上があがるディスプレイ　５つの法則」

（初とか新とか新しい情報も目を引く。「新登場！」「新開発！」）

法則② 現在、病気であることに気づかせる

現在「病気」かもしれないと思わせて、内容に興味をもたせる手法です。

「まだランニングコストの高いシステムで損を続けますか？」

「まだ経費の無駄づかいを続けますか？」

法則③ 使用前・使用後、勝ち組・負け組を比較する

「すでにたくさんのお店が成功のヒントを得ています」

「たくさんの会社がこの方法で、飛躍的に売上を伸ばしました」

他の人が成功したり、得したりしていることを訴求すると、自分が損をしているかもしれないと思って、興味がわきます。

法則④ お客さまの声を利用する

企画書にお客さまの声をつかうことがあります。第三者の声というのは、信頼性があると感じるのです。

「テーブルクロスの色を替えただけで、こんなにも売上が増えるとは！」
（東京都　レストラン○○様）

――わずかなコストで追加オーダーがドンドン増える改装プラン

「ホームページ、ほったらかしで儲かった！」
（横浜市　株式会社○○様）

――自動的に見込み客を獲得できるホームページの企画

「これを入れただけで、夜の売上が倍になった！」
（仙台市　蕎麦処○○様）

――置くだけで雰囲気のいい店になるディスプレイグッズのご提案

法則⑤　消費者の視点に立ったコトバをつかう

「そうだ　京都、行こう。」というのはＪＲ東海の、京都キャンペーンのキャッチコピーですが、これって名作ですよね。

このコピーのすぐれているところは、消費者の視点で書いてあるということです。

新商品開発企画のタイトルなどには、それをつかった消費者がどういう感想をもつのか、という視点で書くのも有効です。

「こういうのを探していたのよぉ～！」
「本当に○○があって、助かりました」
「こんなに雰囲気が良くて、リーズナブルなレストラン、また来たいです」

法則⑥　認知的不協和の見出しをつかう

人間は、今まで自分が常識と思っていたことと違うことが目の前にあらわれると、心理的に不安になり、心のバランスが崩れることがあります。

そして、そのバランスを元に戻さなければという心理が働きます。不安の要因を解決しなければならないという心理です。

「リピーターが多くなる店をつくりたいなら、まずは他社にプランを出させてみてください……」

「『ニーズ』を聞いているから、お客に背を向けられるのです」

「顧客満足度をいくら上げても無駄なんです」

「提案営業をしているから、仕事が決まらない」

こういう、見出しやタイトルがあると、「え?」と注意を喚起し、「どうして?」という心理になって、続きを聞きたくなるのです。

これを心理学用語で「認知的不協和」と言います。

認知的不協和は、上手につかうととても効果があります。

法則⑦　意外性のある物語を見出しにもってきて、本文に引き込む

「たった、2000円のコストで、年間1億2000万円も売上が伸びたレストランがあります。それは、視点を変えるだけの、とてもカンタンな方法でした。誰にでもできる、その考え方とは……」

こうした物語も先を読みたくなります。

法則⑧ 具体的な数字をタイトルにもってくる

数字はできる限り具体的にします。

例えば、100名以上ではなく、113名。8割以上よりも、86・5%とします。

「消費者の86・5%の人が店頭で購買意志を決定しています」

――売れるPOPプロジェクト

「消費者の92%の人が欲しいモノはないと言っています」

――そうとは気づかなかった欲求に、気づかせてあげる店舗環境

タイトルで、

「興味を惹く」見出しには、以上のような法則があります。

その企画の成否が決まってしまうと言っても過言ではないのです。

つかう言葉をよく考えて、タイトルを決めましょう。

こういうコトバをつかうかつかわないかで、相手の企画書への興味のもち方はグンと変わってきます。

興味をもってもらわないより、興味をもってもらったほうがいいに決まっています。今後の

展開に大きな差が出てくるのはあたりまえです。タイトルはとても重要なのです。

だから、言葉をよく考えて、決定しなければなりません。

いつまでも「○○○○のご提案」などという、

とおり一遍なタイトルを付けるのはやめにしましょう。

そういうタイトルだと、他の多くの企画書と同様に扱われて、決まる企画も決まりません。

読む人の感情に訴えかけて、企画の価値を正確に伝えるような、魅力的なコトバをつかいましょう。

成功する企画書をつくるために

- **タイトルは、興味を惹くことを最大の目的にする。**
- **常に言葉に敏感になろう。**

『序』——「つかみ」の技術⑧

「はじめに」で態度を明確に示す

●企画書に挨拶はいらない

表紙を開いたときに、最初にくるのが「はじめに」のページです。

あなたはいつもここに何を書いていますか？

「はじめに」は、前書きです。通常は「ご挨拶」「感謝の言葉」「よろしくお願いします」といった内容を書きますね。そういう企画書をたくさん見かけます。

でも、表紙やタイトルでせっかく興味をもってもらえたのに、これでは醒めてしまいます。


もったいない。

ましてや、

「今回は弊社にプレゼンテーションの機会を与えてくださって、ありがとうございます」

なんて書いてしまうと、逆効果になってしまうこともあります。

この時点で、あなたとお客の関係ができあがってしまうのです。それは、

「お客さまは神さま、私は奴隷」

という関係です。

こんなことになってしまったら、その後のビジネスがとんでもなく不利になってしまいます。あなたの提供する商品やサービス、ソリューションの価値を下げてしまいます。

「でも、お客さまにいきなり挨拶もなく企画書を提出するのはちょっと失礼じゃないかな」と思っているあなた。そんなことはありません。

「ご挨拶」がしたかったら、プレゼンテーションの時に口頭ですればいいのです。

もしも、どうしても書面でご挨拶を残したいのなら、企画書とは別に、一枚お手紙をつけるという手があります。

これは、以前ボクがいたアメリカの企画会社がよくつかっていた方法です。そこはラーソン社という、水族館・動物園・博物館・テーマパークなどの集客施設の企画、デザイン、施工などをやっている会社です。大阪の「海遊館」の展示デザインも、ラーソン社の作品です。

ここにいたとき、よく日本のお役所に水族館や博物館のプランを提案していたのですが、提案するときに、必ずアメリカ人の

社長の立派な感謝の手紙

が、企画書とは別に付いていていました。

もちろん**自筆のサイン**付きです。

その手紙で企画依頼の感謝の言葉を述べているわけです。企画書の中では、そういうことは一切述べていない。企画書とご挨拶は別モノという考え方です。

これはけっこう効果的でした。

企画書の中に入れるよりも、わざわざ手紙ってところが、相手に好印象を与えるのです。これって心理的にはわかりますよね。

どうしても感謝の言葉やご挨拶を入れたい場合は、「はじめに」のページに書くのではなく、別紙にしたほうがより効果的なのです。

●相手にしっかりと認知させる

せっかく表紙で興味を惹いたのですから、「はじめに」では決まり切った、よく書きそうなことを書くのはやめましょう。

それでは、「はじめに」は、どういうことを書けばいいのでしょう?

次のページを見てください。これは「横浜ディスプレイミュージアム」の企画書でいつもつかっていた「はじめに」のページです。

「はじめに」の代わりに「プロローグ」という言葉にしています。

最初にいきなり、

最初に「おやっ」と思わせる

いきなり常識を否定して、
おやっと思わせる

プロローグ

横浜ディスプレイミュージアムは
ディスプレイを売っているわけではありません

キーワード。
文字を大きく
認知させる

私たちはただ単に「ディスプレイ」や「ディスプレイ・デザイン」、「インテリア」を売っているわけではありません。
お客様の

「より売れるしくみづくり」

を構築するためのお手伝いをしているのです。

ですから、私たちが提供するディスプレイは、ただのセンスのいいディスプレイではなく、売上をあげるためにはどうすればいいかを仮説立て、少しでも売上があがるように考えたディスプレイなのです。

キーワード
を解説

売り場での、消費者心理やマーケティングを視野に入れ、ディスプレイやインテリアデザインをプランニングしていきます。
時にはPOPの言葉遣いや、新聞折り込みチラシなどの立案をすることもあります。
まさにディスプレイを含めたすべてが、お客様のソリューション（問題解決）になるよう、「横浜ディスプレイミュージアム」は活動を続けているのです。

今回の提案が、御社の売上の向上にお役に立てば、さいわいです。

1 copyright:Yokohama Display Museum FP ○○○○.

態度を鮮明に。
先を読みたい気持ちにさせる

「横浜ディスプレイミュージアムはディスプレイを売っているわけではありません」

というタイトルが目に入ります。

ここで読んでいる相手は、「おやっ？」という感情をもつわけです。

ディスプレイミュージアムは、多くのお客さまに「ディスプレイ」を売っていると思われていました。それをまず否定して、

「どうして？」

という感情を引き起こすのです。

「ディスプレイじゃなきゃ、何を売っているんだ？」

そういう感情になった人は、次にその疑問を解決しなければならない心理になります。次を聞きたいという興味を喚起するわけです。

前にも述べましたが、こうした方法を「認知的不協和」の手法と言います。

私たちはただ単に「ディスプレイ」や「ディスプレイ・デザイン」、「インテリア」を売っているわけではありません。

お客さまの

「より売れるしくみづくり」

を構築するためのお手伝いをしているのです。

ここで「より売れるしくみづくり」の文字を大きくします。これが重要なキーワードになるからです。これから展開する企画が、すべてこのことを提案しているんだという「態度」をあらわしているわけです。

ここでしっかりと相手に認知されなければなりません。

ですから、私たちが提供するディスプレイは、ただのセンスのいいディスプレイではなく、売上をあげるためにはどうすればいいかを仮説立て、少しでも売上があがるように考えたディスプレイなのです。

ここで「**より売れるしくみづくり**」とは、例えばどういうことかを解説しています。ディスプレイミュージアムのディスプレイというのは、他社と違うということを説明します。

――だから、どうせディスプレイ予算をつかうのなら、単なるイメージできれいにディスプレイすることしか考えていない会社より、ディスプレイミュージアムとおつきあいしたほうがいいですよ――

ということを、さりげなく言っているわけです。

売り場での、消費者心理やマーケティングを視野に入れ、ディスプレイやインテリアデザインをプランニングしていきます。

時にはＰＯＰの言葉遣いや、新聞折り込みチラシなどの立案をすることもあります。

まさにディスプレイを含めたすべてが、お客さまのソリューション（問題解決）になるよう、「横浜ディスプレイミュージアム」は活動を続けているのです。
今回の提案が、御社の売上の向上にお役に立てば、さいわいです。

ここでは、ディスプレイミュージアムが、この企画をどのような態度で実施するのかをあらわしています。

ね、なんだか楽しくなりませんか？　これから先のページを読みたくなるでしょう。あるいは、どういうプレゼンが出てくるのか、聞きたくなります。

これが狙いです。

「はじめに」のページは、企画に相手の興味を惹き付ける重要な部分なのです。

●態度・考え方を明確にする

次に紹介するのはある県に提案した「淡水魚水族館」の企画書の「はじめに」のページです。
ここでも、やはりこの企画に対する「態度」を述べています。

はじめに
日本は世界一の水族館王国
21世紀の水族館とは？

「はじめに」のページにもタイトルを

Freshwater Aquarium　1

はじめに

日本は世界一の水族館王国
21世紀の水族館とは？

ページの
タイトルをつける

態度・考え方を明確に！
文章を読ませる。
ここも、序・破・急 !!

序
現状分析と問題提起

日本にはたくさんの水族館があります。


水族館の数を国民の人口比でみた場合、我が国は世界一という調査結果もあります。

海に囲まれた日本は、まさに世界に誇る「水族館王国」といえるでしょう。

確かに海の中や水中を観察したり体験できる、水族館という装置は、人間が考え出した装置の中では、かなり優れたものだといえるでしょう。

最近では、技術の進歩によって、大型の水槽や飼育の難しい魚類なども展示が可能になってきました。それとともに、環境教育や癒しなど、社会のニーズの変化もあり、水族館に集客施設としての役割が求められてきています。

しかし、最近では目先の新しさだけの、似たような水族館が日本中にできているのも事実です。ただ水槽を作って魚を飼育するだけの何も特徴のない水族館では、社会教育施設としても集客施設としても、中途半端なものになってしまい、せっかく作っても無駄な施設になってしまいます。

だからといって「世界一大きな水槽」や「世界で初めての魚」を目玉にしようというのではありません。ハードの優位性は、お金をかければ誰でも得られるものだからです。

破
問題解決の提案

オリジナリティーある展示計画、展示手法、エンターテインメント性、ユニークなマーケティング、そして優れた社会教育施設としてのプログラム。

21世紀には、水族館の新たなる進化を指し示すような、今までにない挑戦的な水族館が求められているのです。

人の心や感情に深く訴えることのできる「テーマ」と、快適で心地よい「環境」、そして「楽しさ」。

その水族館に何度でも訪れてみたくなったり、地元の人たちが誇りに思える存在。そういう施設になるために、オリジナリティーあふれる、魅力的な水族館にすることが必要になってきます。

急
まとめ

県営公園「世界淡水魚園」に建設される水族館は、「水族館王国」日本の、代表的な水族館になるように計画します。

＜写真は、私たちが展示を手がけた　テネシー水族館　アメリカ＞

「はじめに」と書いて、すぐに本文を続けるのではなく、ページのタイトルも考えます。

「21世紀の水族館とは?」ということで、県の人が興味をもっているだろうことを想定して付けました。

続けて、日本にはたくさんの水族館があるということから、水族館に集客施設としての役割が求められてきていること、何も特徴のない水族館では、せっかくつくっても無駄な施設になってしまうことなど、「現状分析」と「問題提起」をさりげなく行っています。

そして、

オリジナリティーある展示計画、展示手法、エンターテインメント性、ユニークなマーケティング、そして優れた社会教育施設としてのプログラム。
21世紀には、水族館の新たなる進化を指し示すような、今までにない挑戦的な水族館が求められているのです。

という具合に、問題をこの企画でどのように解決していくのかという態度を鮮明にします。

そして最後に、

県営公園「世界淡水魚園」に建設される水族館は、「水族館王国」日本の、代表的な水族館になるように計画します。

と、最初にタイトルで示した「水族館王国」という言葉をリピートしながらまとめます。

態度を明確にしながら、これから説明する水族館企画の根本的な考え方をあらわしているのです。

細かい展示プランも、ミュージアムショップの考え方も、レストランのデザインもすべてこの考え方で企画したということを、最初に言うわけです。

いわゆる「コンセプト」ってやつです。

「コンセプトがはっきりしていないんだよ」と言われるような企画は、企画に対する考え方が明確でない、態度がはっきりしていないということなんですね。

コンセプトなんて言うと、プロっぽい感じがしますが、要はそういうことなのです。

実現する企画書をつくるために

- **態度を明確にしよう。**
- **挨拶はいらない。**

『序』—「つかみ」の技術⑨

お客さまの声を効果的につかう

●ときには基本をはずしてみる

「はじめに」のページでは態度を明確にする。前の項でそう書きました。これがだいたい普通のやり方です。

でも、他の方法で企画に興味をもたせようとするなら、それはそれでいいのです。

要はこれから企画書で展開する内容に興味をもたせることができれば、やり方はどんな方法でもいいということです。

ボクもときどき別の方法をつかってみることがあります。そのほうが、普通の前書きよりも高い効果を得られる場合もあるからです。

中でも効果絶大だったのが、「はじめに」のページに「お客さまの声」をつかうというやり方。

関西で手広く外食チェーンを展開している会社が、関東に進出するときにその展開の企画を依頼されてつくった企画書でした。

表紙を開くと、いきなり大きな文字で、こう書いてあります。

「お客さまの声」は効果絶大

Free Palette
フリーパレット 集客施設研究所

このお店は何をしたのでしょう？

「まずは私たちが手がけたお店の声をお聞きください」

「たった2000円のコストで、月売上1000万円、
年間1億2000万円の売上がアップしました！」
＜横浜市　レストラン M＞

「店内をちょっといじっただけなのに、
夜の売上が3倍になりました！」
＜東京都　ブラッセリー　T＞

「今まで100万円の札束に火をつけて
燃やしていた気分です。こんなにちがうとは・・・」
＜仙台市　蕎麦処　M＞

「メニューの書き方で
こんなにも売上が増えるなんて・・・・」
＜東京都　レストラン　L＞

「ホームページほったらかしでも儲かった！
インターネットの認識が変わりました」
＜名古屋市　カフェ　A＞

お客さまの声を並べる

これは、ほんの一例です。
これらのお店はどんな秘策をしたのでしょう？
リニューアルオープンしたのでしょうか？
値段を下げたのでしょうか？
料理の内容を変えたのでしょうか？
そのどれともちがいます。

次のページに向かわせる

次がミソです

2

copyright:FreePallet ○○○○.

このお店は何をしたのでしょう？

そして、このように続きます。

「まずは私たちが手がけたお店の声をお聞きください」

さらに、枠の中に大きく次のようなことが書いてあります。

「たった２０００円のコストで、月売上１０００万円、年間１億２０００万円の売上がアップしました！」

〈横浜市　レストランＭ〉

「店内をちょっといじっただけなのに、夜の売上が3倍になりました！」

〈東京都　ブラッセリーＴ〉

「今まで１００万円の札束に火をつけて燃やしていた気分です。こんなにちがうとは……」

〈仙台市　蕎麦処Ｍ〉

「メニューの書き方でこんなにも売上が増えるなんて……」

〈東京都　レストランＬ〉

「ホームページほったらかしでも儲かった！　インターネットの認識が変わりました」

〈名古屋市　カフェＡ〉

その後に、

これは、ほんの一例です。

これらのお店はどんな秘策をしたのでしょう？

リニューアルオープンしたのでしょうか？

値段を下げたのでしょうか？

料理の内容を変えたのでしょうか？

そのどれともちがいます。

次がミソです。

⇩（矢印で次のページに向かわせる）

どうですか？　もしあなたが飲食店チェーンの会社を経営している人だったら、先を聞きたくなるでしょう。これは絶大な効果がありました。

●信頼性を高め、臨場感を醸し出す

お客さまの声というのは、その会社が言うよりも信頼性があるんです。

夜中にやっているＴＶショッピングを見てください。お客さまの声がたくさんつかわれていますよね。ダイエット関係の商品だと、お客さまにひと月とかつかっていただいて、体重が何キロ減ったとか、ウェストが何センチ細くなったとか、必ず体験者の声が出てきます。「うそぉ〜、信じられません」とか「どんなダイエットをやってもダメだったのに、これはすごいです」とか。素直な感想を言ってくれます。

お客さまの声というのは、信頼性を上げ、価値を伝えやすくするのです。

企画書でも同じことが言えます。

まず、お客さまの声は素直に心に入ってきます。

さらに、会話体が入ることで注目されやすくなり、臨場感が出ます。会話を表記するときは、「　」（カギカッコ）をつかいますよね。この「　」をつけると認知度が23％あがるというデータもあります。

例えば、「お客さまの欲しがる商品」とすると、ニーズに合わせた商品という印象がありますが、**「『こんなの欲しかったのよぉ』と言われる商品」**とすると、違うでしょう。

このほうが、「欲しいものに出会えた。気づかせてくれた」という顧客の感動も折り込まれて特別な商品といった印象になります。

「他者との違いを顧客に納得してもらう」とするより、**「『へぇ、他の会社とはずいぶん違うわね』と思わせる」**としたほうが、実際に顧客にどういう感情を起こさせる企画かということが、わかりやすいのです。

●実践済みの企画にはもってこい

このように「お客さまの声」をうまくつかえば、効果的な企画書を書くこともできるのです。「お客さまの声」をうまくつかっている業種に、通信販売がありますね。

通信販売というのは、実際の商品を手にとって見せることができません。だからこういう手法で商品の信頼性をあげる工夫をしているのです。

とくにあやしげな商品には、必ずと言っていいほど、「お客さまの声」が載っていますよね。あやしげな商品というのは、「付けているだけでカンタンにダイエットできるブレスレット」とか「持っているだけでお金持ちになれる黄色い財布」とかです。

ああいう実態のない商品を、広告やチラシだけで売っているのですから、彼らは考えています。商品の信頼性をあげるために、必死ですよね。

そういう広告には必ず体験者の声が載っています。なぜかというと、効果があるからです。

実態のない商品につかって効果のあることなら、真面目ないい商品につかわない手はないでしょう。ボクはよくチラシや広告につかっていますが、やはり効果があります。

この手法を先ほどの企画書につかったわけです。

これでボクたちのチームは信頼を得ることに成功しました。実際に成果をあげている企画であれば、こういう手法をつかって興味を惹くことも可能なのです。

これで「はじめに」のページに、ご挨拶を入れたり、感謝の言葉を入れたり、「よろしくお願い致します」などと書くのが、いかにもったいないことかがわかっていただけました？

読んでもらえない「はじめに」のページなら、ないほうがいいくらいなのです。

実現する企画書をつくるために

- **お客さまの声は信頼される。**
- **1秒も待ってられないという気にさせよう。**

『破』の『破』――「企画の展開」の技術①

テンポよく企画を展開する

●企画の展開も「序・破・急」で！

さて、いよいよ本題、企画の展開の部分に入ります。

ここの部分には、

- ●企画の全体像
- ●課題の解決法
- ●企画の概要
- ●具体的な内容
- ●具体的な計画

などが入ると、前に書きましたね。

これらを、どのように伝えるか？

この部分をさらに「序・破・急」の三つに分けると、テンポよく、わかりやすく展開することができます。

本論の序・破・急はこうなる

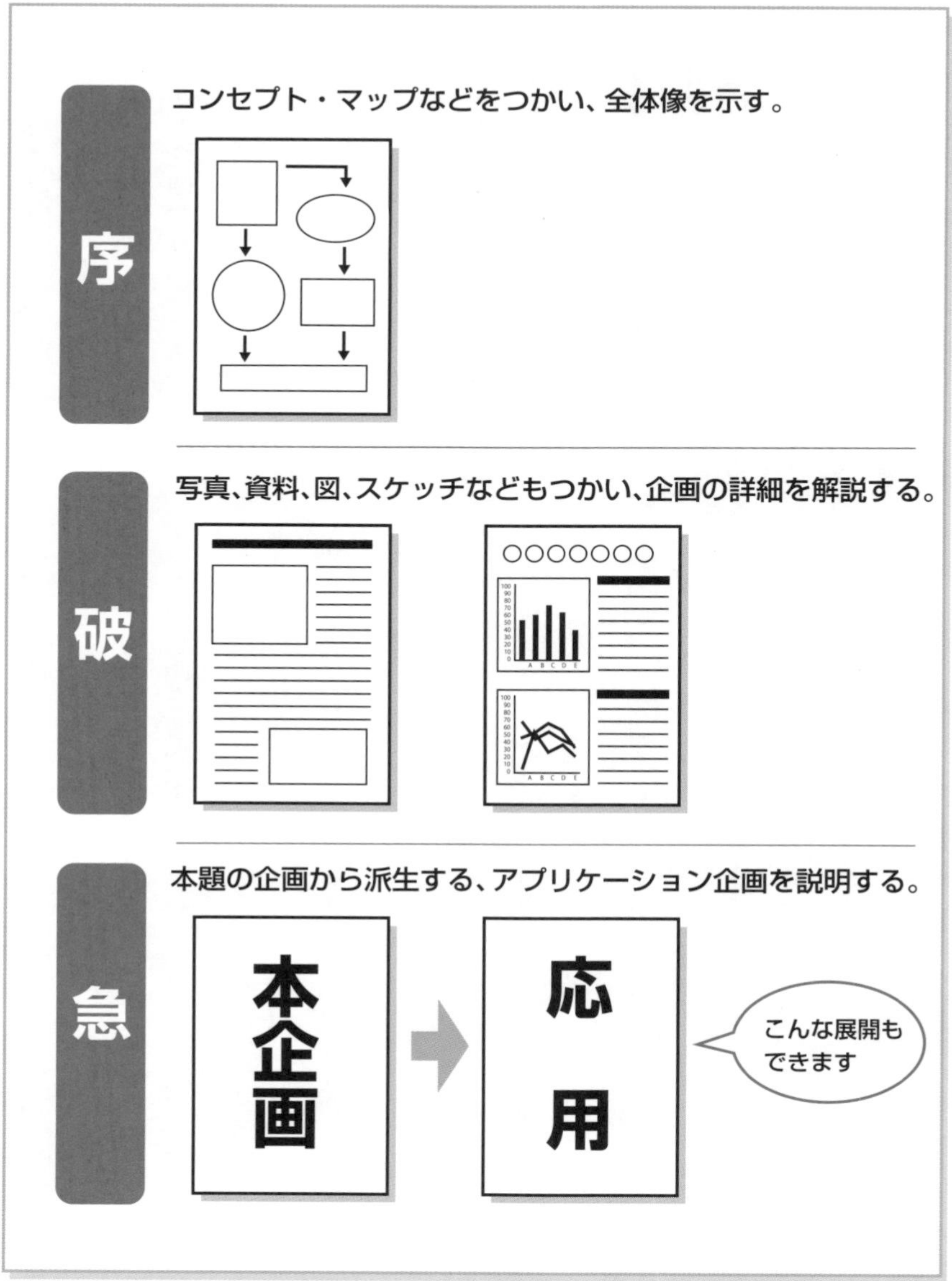
序
コンセプト・マップなどをつかい、全体像を示す。
破
写真、資料、図、スケッチなどもつかい、企画の詳細を解説する。
急
本題の企画から派生する、アプリケーション企画を説明する。
本企画
応用
こんな展開もできます

「序」――コンセプト・マップなどをつかって、企画の全体がわかるようにする。どういう企画なのかが、一目でわかる。

「破」――写真、資料、図、スケッチなどもつかって、企画の詳細を解説する。

「急」――本題の企画から派生する、アプリケーション企画を説明する。

構成のことを説明したところで、本論はこのようになると説明しましたね。ここでは、写真、スケッチ、資料などをつかって、内容をわかりやすく伝えていきます。企画書のいちばん企画書らしい部分と言えるでしょう。

●展開の仕方は企画の内容で決まる

しかし、ここからはボクが具体的に「こうしたほうがいい」と言えない種類の作業になります。企画によって展開の仕方が違うからです。

「このページはこういうことを書きましょう」と言うのは、あなたの企画内容がわからないのですから、ボクには無理なのです。

それはあなた自身が考えて、工夫して、つくり上げていかなければなりません。

企画書の内容によっては、１枚にまとめた「ワンシート企画書」がいい場合もあるし、表紙を合わせて３枚くらいにまとめる企画書もあります。

しかし、どういう企画書にも共通する普遍的なことは解説できますから、安心してください。より良くする方向性はあるということです。

さて、これから『破』の部分を解説するための、本書の構成は次のようになっています。

「序」—コンセプト・マップについて

全体を一目でわかってもらうためのコンセプト・マップのつくり方です。

「破」—企画書の文章の書き方について

企画書は文章が主役です。わかりやすい文章を書くコツを紹介します。

「急」—アプリケーション企画

メインの企画から派生する、補足的な企画の説明です。

究極の企画書をつくるために

- **自分で自分に合った方法を創り出そう。**
- **最初は真似から入ろう。**

『破』の『破』――「企画の展開」の技術②

コンセプト・マップで企画の全体像を示す

●関係性を⇩（矢印）であらわす

コンセプト・マップというのは、企画を図解であらわしたものです。これから展開する企画の関係を、図式にしていくのです。見れば直感的に、わかるようになっていることが条件です。

例えば、「新規顧客が少なくなっている」という問題があったとします。その解決策として、「広告をする」とか「ダイレクトメールを出す」とか「営業マンを増やす」とかさまざまな方法がありますよね。それを文章ではなく、図で説明していくわけです。

まず、四角や丸の形をつくって、その中にそれぞれの項目を入れていきます。そして、その図形の関係を矢印などでつないでいくのです。こうしてみると、関係が一目でわかります。よくテレビのニュース解説などでありますよね。図解して、むずかしいニュースを解説しているシーン。あれに似たようなものです。

百聞は一見にしかず。これは、ある観光ホテルに提出した、売店の売上を伸ばすための「コンセプト・マップ」です。現状の課題がどういうもので、それを解決するためにどういうことを実施するのかが、一目でわかるように図式化しています。これを見れば、ホテルの売店が抱

これが「コンセプト・マップ」

Concept Map

HOTEL
SHOP POP Solution

**ほとんどの人が
売場で買う意志を決定する！**
売店の消費金額をUPさせるための大作戦！

現状の課題
ここ数ヶ月売店の消費金額が減っている

20××年　平均単価 2,018円
20××年 1月〜3月 平均単価 1,685円

↓

原因
- 個人客の増加
- 不況
- 欲しいモノがない
- わかりにくい　etc.

→ **今期の予算が未達成になる**

↓

マーケティングの法則
- 消費者の86.5%が店頭で購買意志を決定する
- 滞留時間と消費金額は正比例する

→

解決の方向性
- 自分の欲求に気づかせてあげる
- 滞留時間を延ばし、楽しんでもらう
- 商品がもっている価値を最大限伝える

↓

とりあえず……　**POPを書く！**

消費金額をUPさせる方法で、カンタンに誰でもできると思われるのは、POPをつけるということです。売店の社員、パートさん、すべての人が、思い入れをPOPで表現してみましょう
〈実験期間4月1日〜30日〉

える課題、その原因、課題の解決策が、おおまかにわかるようになっています。

このように、因果関係を図式化して、企画の全体をわかりやすくしたものが「コンセプト・マップ」です。

コンセプト・マップは、うまくつくれば、そのまま1枚で通用する「ワンシート企画書」になります。最近は忙しいご時世のせいか、この1枚で語ってしまう「ワンシート企画書」がはやっています。

ワンシート企画書をつくるには、コンセプト・マップに解説の文章を付け加え、「序・破・急」に対応させて並べ替えていきます。例えば、先ほどの観光ホテルのコンセプト・マップをワンシート企画書にすると、次ページのようになります。

タイトルに続けて、どういう解決策を実施するのかを最初にもってきます。

「売店での、お客さま一人当たり消費金額を伸ばすために、POPをたくさんつける作戦をします。題して…『POPで売上UP！大作戦！』」**――ここまでが「序」です。**

次に現状の課題、参考になるマーケティングの法則、課題を解決する方向性が書かれています。**――これが「破」です。**

そして最後に結論をもってくる。「POPを書く！」**――「急」となるわけです。**

●何でも図にして描いてみる

コンセプト・マップをつくるコツは、日頃からの訓練がいちばんです。何でも関連づけて図式にしてみることです。そうすればカンタンにつくれるようになります。

いちばんカンタンな企画書（ワンシート企画書）

HOTEL
SHOP POP Solution

ほとんどの人が
売場で買う意志を決定する！
売店の消費金額をUPさせるための大作戦！

売店での、お客さま一人当たり消費金額を伸ばすために、POPをたくさんつける作戦をします。題して・・・

POPで売上UP！大作戦！

＜実験期間4月1日～30日＞

現状の課題

ここ数ヶ月、売店の消費金額が減っています。
昨年の平均消費金額に比べると、お客さま一人当たり、約400円のダウンになっています。
私たちのホテルは、年間20万人のお客さまが宿泊されています。一人400円ちがうということは、年間8000万円の売上が減るということです。
これでは、今期の予算が未達成になる可能性が大きくなります。

売店、一人当たり消費金額

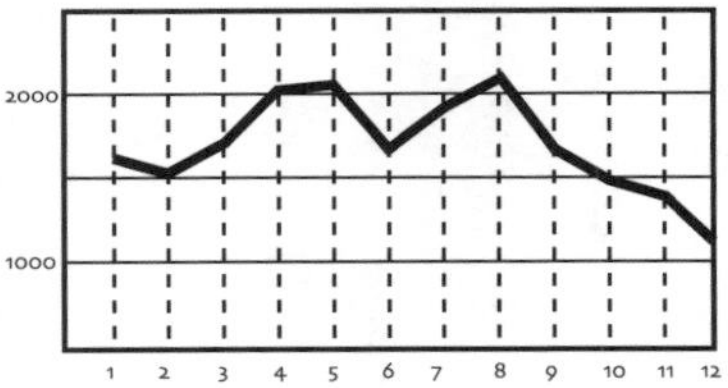

20×× 年
平均単価　2,018円
20×× 年　1月～3月
平均単価　1,685円

マーケティングの法則

・消費者の86.5％のが
店頭で購買意志を決定する
・滞留時間と消費金額は正比例する

解決の方向性

・自分の欲求に気づかせてあげる
・滞留時間を延ばし、楽しんでもらう
・商品がもっている価値を最大限伝える

とりあえず・・・

POPを書く！

消費金額をUPさせる方法で、カンタンに誰でもできると思われるのは、POPをつけるということです。POPをつけるだけで、消費金額はアップできるはずです。
売店の社員、パートさん、すべての人が、思い入れをPOPで表現し、お客さまが楽しく買い物でき、滞留時間が思わず伸びてしまう売店にします。

訓練といっても、それほどむずかしいことではありません。

●メモを図式でとってみる

●何でも関係を図式にしてみる

●うまくできたコンセプト・マップを見たら真似してみる

●ニュース解説の図解パネルを研究する

などです。

慣れてくると、もっとわかりやすくするにはどうすればいいかが、自然とわかってくるようになります。

さらに、こうして企画の流れや関連性を図式化していくと、自分の頭の中も整理がついてきます。自分が理解していなければ、わかりやすい図式をつくることもできないからです。

わかりやすく伝えるには、自分自身がわかっていることが必要なのです。

わかりやすい企画書をつくるために

●関係を矢印であらわしてみよう。

●テレビのニュース解説を研究しよう。

『破』の『破』──「企画の展開」の技術③

企画書は文章が主役と考える

●ビジュアルだけでは伝わらない

コンセプト・マップの次のページからは、いよいよ企画の詳細を展開していきます。

あなたの企画が採用されるか、ボツになるかは、ここからの展開の仕方にかかっています。


ここの主役は「文章」です。


企画書というのは、文章で伝えるモノです。

コンセプト・マップやスケッチ、写真などは、伝えたいことをよりわかりやすくするために補足するものであって、主役ではありません。

このあたりを勘違いしている人が意外とたくさんいますが、基本的に企画書は文章で表現・解説する類の書類です。企画書とは、企画を文章化したものなのです。

ですから、文章で解説するということを、まず認識しましょう。


「え〜、文章は苦手……」

そう思っている人、大丈夫です。

誰でも、カンタンに書ける方法を紹介しますから。これを読めば、文章が苦手なあなたも、必ず書けるようになります。

●ビジネスの文章に個性はいらない？

さてさて、ビジネスで文章を書く機会はありますか？

たまに書く人、しょっちゅう書く人、さまざまな人がいますよね。

「ビジネスの文章には個性など必要ない」

「誰もだらだらと長い文章は読まないのだ」

こういうこと、よく言われていますよね。

こういうことを信じているから、企画が通らない、売上があがらない、利益が出ない、不況、リストラ、倒産……、なんてことになってしまうんですよ。

この本を読んでいる人は、そうしたこれまでの常識は全部忘れてください。

確かにビジネスでつかわれる文章っていうのは、事実だけ確認できれば、それでいいものです。誰が書いても同じになるように基本のフォーマットみたいな「型」をつくって、定型化するほうが効率的です。

それはそれで、正しいのです。

でも、賢い読者はもう気づいていると思いますが、企画書はそれではダメだってことです。

もちろん、ある程度フォーマット化できることもありますが、それには限界があります。

型にはめると自由な発想ができないし、枠からはみ出ないように気をつかうから、魅力的な企画書がなかなかできません。

「企画書の文章には個性や味わいなどは必要ない」と書いてある教科書もありますが、そんなのを信じて、無味乾燥な事実だけを並べた企画書をつくってはいけません。

「ビジネスでは、誰が書いても同じになる文章が歓迎される」というのは、

大いなる幻想なのです。

これからの時代、そんなことではビジネスで闘っていけません。

どんなに企画が個性的であっても、それを伝える文章が、型にはまった面白味のない没個性な文章では、企画の価値は伝わらないということです。

●個性が感情に訴える

例えば、タイトルの項目で、興味を惹く言葉の法則ってありましたよね。

個性を出さないほうがいいのなら、ああいうモノがまったく無意味だってことになります。

でも、実際は効果があるわけです。

「誰が書いても同じになるような文章のほうがいい」と言っている人は、重大な認識違いをしているのです。

それは「ビジネスは会社同士がすることであって、個人の感情は入らない。理性的に」いう間違った考え方です。

ビジネスといえども、個人の感情が大きく影響しているのです。

とくに企画書は、この感情を刺激することが重要なポイントになってきます。相手が会社だとしても、

決定するのは人間なのですから。

だから「〇〇のご提案」というよりも、「まだ、〇〇で損をし続けますか？」のほうが、興味をもってもらえるのです。

個性のない文章のほうがいいのなら、すべての企画書が「〇〇のご提案」という題名になってしまいます。もしそういうのがいいと言うなら、そういう人たちには永遠に個性のない企画書を書いてもらいましょう。

この本を読んでいる人は、多くの人が無味乾燥な企画書をつくっている間に、クライアントに興味をもってもらえる、個性的な企画書をつくりましょう。

それにね、あなたが書いたものは、たとえ誰かの真似をしていても、あなたらしさが出てしまうのですよ。

だいたい個性を消すなんてことは、無理なのです。消そうとしても、どうしても個性は出てしまいます。

だから安心してください。

個性はあったほうがいいのです。

●長い文章は誰も読まない？

もうひとつ。

「忙しいんだから、できるだけ簡潔な文章にしたほうがいい」

これも大いなる幻想です。

「長い文章は、誰も読みませんよ」

ということってよく聞きませんか？　これって、本当にそうでしょうか？

ウソなんですよ、これも。長い文章のほうが、企画書には向いているのです。

そんなこと信じられない、そう思ったあなた。

あなたは、新聞読みますか？　ま、ビジネスマンだったら、新聞を読みますよね。もし毎朝来る新聞が、箇条書きばかりの新聞だったらどうですか？　あるいは、コンセプト・マップのように、丸や四角の図形ばかりの新聞だったら？　あるいは、写真ばかりで、解説は写真の下のキャプションのみだったら？

こういう新聞は、かなりイヤでしょう。売れるわけがない。やっぱり興味のある記事は、文章を読みたいですよね。それも詳しければ詳しいほどいいですよね。

面白ければ長くても読むのです。あなたの企画に興味があったら、読んでくれるのです。長い文章を読んでくれるクライアントは、その企画に興味のあるクライアントなのですよ。

長い文章を読むか、読まないか、それがバロメーターになるのです。そうです、あなたの企画を実現してくれるお客か、そうではないお客か、のです。

長いから読まないのは、そもそも、その企画に興味をもってくれないお客です。そんなお客を、いつまでも相手にしていたのでは時間の無駄です。

長い文章を読むのは、興味をもってくれたクライアントです。興味をもってくれたクライアントに、企画を実現してもらうためには、情報は多いほうがいいのです。だって、少ないと不安でしょう。あなたがクライアントだったら、少しだけの情報でその企画を実施しようと踏み込めますか？　情報が少ないと、決定のしようがないのです。

前出の「序・破・急」と矛盾するように思うかもしれませんが、そうではありません。こうした展開だからこそ、「序・破・急」なのです。最初わかりやすく簡潔に導入し、本文へつなげ十分説明する。分厚い本でも導入部が良くて面白いと、あっという間に読んでしまいますよね。あれと一緒です。興味をもって集中してしまうと、長いとか、面倒臭いとかは思わない。

だから、「序・破・急」なのです。

興味のある事柄については、情報は多ければ多いほどいいということです。

長くなってしまっても、必要な情報は入れておいたほうがいいということです。

●決定権者に理解してもらわなければ意味がない

とくに企画書は、プレゼンした後が勝負です。

プレゼンテーションで決まると思ったら、大間違い。

決定権をもったエライ人は、プレゼンに参加していないことが多い。

前出（103ページ参照）の水族館の企画書は、文章をたくさん書いています。最終決定権をもっている、その県の知事さんに直接説明できないから、詳しく書いてあるのです。

直接会って解説しなくても、企画書の文章を読めばこの水族館がどんなに素晴らしく、どんなに新しい考え方でプランニングされているのかが理解できるようにつくっているのです。

企画書がひとり歩きしても、十分に価値が伝わるように書いている。だから知事さんも気に入ってくれたわけです。

プレゼンテーションに参加していない人にも理解できるように伝えなくてはなりません。だから、必要な情報は、たくさん入れておいたほうが得なのです。長い文章になるのも、当たり前なのです。

価値ある企画書を書くために

- **個性を出して、読む人の感情に訴えよう。**
- **情報はたくさんあったほうがいい。**

『破』の『破』――「企画の展開」の技術④

伝わる文章、わかりやすい文章を書く

●伝わる企画書の文章の共通点とは?

企画書の文章は長いほうがいいと書きましたが、注意をしなければならないことがあります。長い文章をダラダラ書いていてはダメということです。情報量は多いほうがいいのですが、ただ長いだけの文章ではダメだってことです。

企画書の文章は「わかりやすさ」が重要です。

提出する相手、会社、内容にもよりますが、あなたが伝えたいことがあって、それを実現したいなら、信じられないくらい、わかりやすく書きましょう。

わかりにくい文章は、伝わりません。

伝わらないということは、

「存在しない」

ということと同義語なのです。

せっかく素晴らしい企画を立案しても、伝わらなければ、その企画自体がこの世に存在しなかったということになるのです。そんなの無駄だし、悲しいでしょう。だから、「企画書の文章はわかりやすく」を心がけましょう。

美しい形容や装飾は必要ありません。むずかしい言葉をつかって、文章の権威を高めようとするのも、あまり意味がない。というか、まったく意味がない。

ビジネスの文章では、むずかしい言い回しや、むずかしい言葉をつかって書いたほうが、一見、得するように見えますが、実は損です。

わかりにくく、偉そうで、むずかしい。

そんな企画書は、どんなにいい企画でも実現の可能性は低いと考えましょう。

何度も言うようですが、企画書というのは、「文章」が主役なのです。だから、いい企画書というのは、文章がわかりやすくできています。

さて、「わかりやすい企画書の文章」にはいくつかの共通点があります。重要な点は後で詳述しますが、ここではポイントを押さえておきましょう。

共通点① センテンスは短く

文章の全体量は多いほうがよいと書きましたが、ひとつの文（センテンス）は短いほうがよりわかりやすくなります。

簡単な言葉をつかって、短くセンテンスを区切って書く。そうすると、相手にもわかってもらいやすくなります。自分でもわかりやすくなる。

この自分でわかる、ということが大事です。

相手に伝わる文章を書ける人というのは、わかりやすい文章を書く技術をもっていたり、専門用語やむずかしい言葉をたくさんつかう人ではありません。

自分が本当に伝えたいことをわかっている人です。

簡単でやさしい言葉をつかって説明するには、ズバリ核心をつかなければならないのですから、自分でわかっていなければできないことなのです。

共通点② むずかしい言葉づかいは避ける

必要以上にむずかしい言葉や、普段つかわないような言い回しは避けなければなりません。美しい文章が求められているわけではありませんから、形容詞などもいりません。巧みな比喩も必要ないし、情緒を醸し出す必要もないのです。

ビジネスの文章に専門用語が出てくることは、しばしばあります。この専門用語もなるべくつかわないようにしたほうがいいでしょう。

業界用語をたくさん入れるのも問題です。業界によって独特な言葉はたくさんあります。同業者同士なら便利で合理的な言葉もあるかもしれませんがよく考えてつかってください。業界で日常的につかいすぎていて、自分ではむずかしい言葉だと気づかないような言葉があります。「今さら聞けない○○」という本が出るくらい、知らなくても知らないと言えなかったりするものです。

自分が知っているからといって、相手も知っていると思うのは危険です。

知らないことのほうが多いと思ったほうが無難です。

略式用語をつかうときも同じです。一般的にもう知られているだろうと思っても、必ず正式名称や解説を入れましょう。格好がいいからといって横文字のビジネス用語、マーケティング用語を並べても、そんなことでお客さんは「この人は知識が豊富だ」なんて思ってはくれません。いくら中身が素晴らしくても、わけのわからない専門用語や略式用語がたくさんあって、読めない企画書は、存在価値ゼロです。

ただし、プロフェッショナルなイメージを与えるために、戦略的につかう場合はあります。それはそれで、戦略なのですからつかったほうがいいですよね。

そういう場合は、専門用語や略式用語は解説するようにしましょう。

例えば、ツイッターやインスタグラムのSNS（ソーシャルネットワーキングサービス）のマーケティングでUGCという言葉がよく使われています。これは「ユーザー・ジェネレイテッド・コンテンツ」の略。一般の生活者たちが日々作り出すコンテンツということ。SNSでの投稿のことですね。だいたいのウェブ業界では普通に使います。

このUGCが多ければ多いほど、ネット上のクチコミが増えて商品や会社の知名度が広がり、売れるようになる。そう言われています。

とはいえ、これだって「御社のSNS活用で一番重要なのはいかに御社の商品のUGCを発生させるかということです」という書き方ではなく「御社のSNS活用で一番重要なのはいかに御社の商品のUGC（ユーザー・ジェネレイテッド・コンテンツの略で、一般の人たちが日々SNSに投稿する内容のこと）を発生させるかということです」とカッコ書きで解説する。あるいは、脚注で解説する方がいいということです。

読む人が、あなたと同じ知識をもっているとは限らないということを、忘れないようにしましょう。

共通点③ 漢字とひらがなのバランスをよくする

熟語をたくさんつかうのも、読む気を失わせます。

漢字が多いと、紙面もなんだか黒々として重苦しくなりますよね。漢字とひらがな、カタカナのバランスに気をつかい、紙面が明るくなるように工夫しましょう。

例えば、

「事業展開戦略」
「事業採算構造の検討」
「後方支援体制の検討」

など目がチカチカするだけでなんのことだかすぐには理解できません。

せめて、

「事業展開のための戦略」
「事業化の可能性の検討」

読みやすい企画書づくりのための7カ条

第1条——センテンスは短く

ひとつの文(センテンス)は短く。

第2条——むずかしい言葉づかいは避ける

専門用語、略語、業界用語、普段つかわない言い回しはしない。戦略的につかう場合は、説明を入れる。

第3条——漢字とひらがなのバランスをよくする

漢字の熟語だけを並べない。
漢字、ひらがな、カタカナのバランスを考える。

第4条——曖昧な言葉づかいをしない

文章は言い切る。
「ようだ」「らしい」「〜かもしれない」
「〜と思う」など曖昧な言葉はつかわない。

第5条——最初に結論を言う

いちばんはじめに、言いたいことを言ってしまう。
結論を最初に書く。

第6条——主語を明確にする

主語の後に読点を入れてみる。
読み返して、主語と述語を確認する。

第7条——「ですます調」「である調」を統一する

「バックアップ体制の検討」

くらいにしておけば、まだいいですけどね。

共通点④　曖昧な言葉づかいをしない

①「消費者の8割以上の人が、店頭で購買を決定しているようです」
②「消費者の86・5%の人が、店頭で購買を決定しています」
このふたつの例文を比べると、明確ですよね。
②のほうが、はるかに説得力があります。
企画書の文章は、言い切ることが大切なのです。

「ようだ」「らしい」「かもしれない」「と思う」など、曖昧な言葉はつかわないようにしましょう。

こういう言葉は、自信がないように思われます。責任から逃げているという印象を与えてしまうのです。

また文章中に数字をもってくる場合も、具体的にしたほうが信頼されます。

「100名以上」と書くのではなく、「113名」などできるだけ数字は具体的に書きましょう。

共通点⑤　最初に結論を言う

いちばんはじめに、言いたいことを言ってしまう。つまり結論を最初に書くということです。

例えば、

「企画書は映画の予告編なのです」

と先に言い、「なぜならば……」と理由を続ける。

結論を先に言うということは、「何を言いたいのか」がきちんとあるということです。

結論を先延ばしにして、ダラダラと続けるのは、わかりにくくなりがち。文章も「序・破・急」が大切ということです。まずは、結論を書きましょう。

共通点⑥ 主語を明確にする

わかりにくい文章の特徴のひとつに、主語がよくわからないというものがあります。

主語を明確にしましょう。

主語の次に、読点を入れるとわかりやすくなります。読み返してみて、なんだかわからないようだったら、主語が明確になっているかどうかをチェックしてみてください。

共通点⑦ 「ですます調」「である調」を統一する

「消費者が書店に『行く』という行為は何を意味しているのでしょう。

『欲しい本を買うための行為?』

それは正解ではありません。

もしそうお考えなら、早晩『それはインターネットで事足りる』と、あなたのお客から言われてしまうでしょう。」

これは、ある書店チェーンに提出した企画書の文章です。
ボクは企画書を書くときでも、本を書くときでも「ですます調」で書いています。そのほうが話し言葉に近く、親しみやすさや、わかりやすさが増すからです。

しかし、これも一概にどちらがいいとは言えません。

「である調」のほうが、説得力が出る場合もあります。「である調」は断定的に、強気に言い切ることができますし、企画の自信を示すためには、「である調」をつかうと、より効果的に企画を伝えることができるケースもあります。

ただ、気をつけなければならないこともあります。

社内向けの企画書では、「である調」でもほとんどの場合問題はありませんが、社外のクライアントに出す場合は、不快感を与えるような、傲慢な言い方にならないように気をつける必要があります。いくら自信があっても、礼儀として失礼な言い方になるのは問題外です。

文体は、読み手のことを考えて選びましょう。

そして、文体を決めたら、最後までそれで通すのが常識です。「ですます調」と「である調」が混在していないかどうか、チェックしてみましょう。

伝わる企画書をつくるために

- **文章は短く。**
- **相手が自分と同じ知識をもっているとは限らない。**

『破』の『破』——「企画の展開」の技術⑤

文章は走るように書く

●まずは書きたいことから書く

わかりやすい文章の共通点を押さえて、とにかく書き始めてみましょう。きっと今までよりも楽に書けるはずです。

でもパソコンを立ち上げて、さあ、書くぞという段階になると、書けなくなることがありますよね。ボクも本を何冊か出していますが、そんなボクだって、最初の1行が書き出せなくて、何日もまったく進まないことがあります。

「いざ書こうとすると、書き出せない」
「書いては消し、書いては消しで、なかなか進まないんだよね」
「ああでもない、こ～でもないと考えちゃうんだ」
「構成が気になって、ダメなんだ」
「つまずいたら、そこから進まない」

こういう人がいると思います（いや、何を隠そう、ボクもしょっちゅうなるのです）。こういう人は、まず書き出すことです（経験上……）。

パソコンなら、ともかく書き始めることができます。

今は、ほとんどの人が文章をパソコンで書いていますよね。ボクもこの原稿を、マイクロソフトの「Ｗｏｒｄ」で書いています。パソコンで文章を書くことのいちばんの利点は、書く「とっかかり」が簡単だということです。原稿用紙とかノートとかに書いていた時代よりも、パソコンのほうが、けっこう気楽に書き出すことができます。

パソコンは、書き始めのきっかけの敷居が低いのですから、怖がらずに書き始めましょう。文章の全体構成とかは、後で簡単に変更ができます。思い付いたことをドンドン書いていけばいいのです。

最初から順番に書こうとするから書けないのです。

とにかく、

あなたがいちばん言いたいことから書き出しましょう。

そうすればスラスラと書くことができます。

あなたの伝えたいことは何ですか？

それから書き出しましょう。

あなたがいちばん言いたいことが、読んでいる人にとってもいちばん面白いのです。構成なんて気にせず、ともかく書き出しましょう。

書き直しなんてしなくていい。立ち止まって、推敲《すいこう》を繰り返すより、まずは一気にある程度書いてしまうこと、これがコツです。

いちいち見直していると、書いた文章の質も落ちてしまいます。言いたいことがあって、それを伝えたいという思いのエネルギーが、減少してしまうのです。

書き直しなんて後でいくらでもできます。とにかく、走るように書きましょう。

一気に最後まで書いてしまうような勢いが大切なのです。

●思いついたらすぐに書く

書いているうちに、また、書きたいことが浮かぶことがあります。今書いていることと直接は関係ないけど、なんか関連ありそう、というようなことです。

それを「後でいいや」と放っておくと、確実に忘れます。その場で書いておくのがコツです。今書いている文章のいちばん後ろとかに、☆や?などの記号を付けて（別に■でも●でもいい）、「長い文章のほうが効果あり」とか書いておくわけです。

素晴らしいアイディアや、輝いている発想は、一瞬しか浮かびません。スグにメモしておかなければ、消えてしまうのです。

「メモしておかなければ忘れるようなアイディアは、そもそもたいしたことないアイディアだよ」なんて言う上司や先生がたまにいますが、それは大きな間違いです。素晴らしいアイディアは、一瞬しか姿をあらわしてくれません。メモをしなくても覚えていられることなんていうのは、陳腐な誰にも考えつくような発想です。

だから、一瞬思い付いたアイディアは、その場で書いておくというクセをつけましょう。メモの集積が文章なのです。

書きたいことをどんどん書いていくと、ある一定の量の文章ができ上がってきます。そうすると、自分の書きたいこと、言いたいことが徐々に明確になってきます。

最後に、ざーっと見渡して、文章の前後を入れ替えたり、項目に分けてみたり、膨らませたり、削除したりしていきます。

パソコンだと、こういうことがカンタンに、自由自在にできてとても便利です。

今までは、「考えたことを書く」というのが常識でしたが、パソコンなら「書きながら考える」ということが可能になりました。書いているうちに、書くべきことがどんどん出てきます。

発想というのは、順序だてて、系統的に出てくるものではありません。断片的に、突然出てきたりするものです。

そういうのを見落としてしまわないように、常に書いておくことが必要なのです。

自分らしい企画書を書き始めるために

- **書きたいことから書こう。**
- **ともかく一気に書いてみる。**

『破』の『破』──「企画の展開」の技術⑥

わかっていることを書く

●わかってないから、わからない

「～における～のあり方」などの論文のような書き方がありますよね。

まっ、真面目そうには感じますけどね。印象に残りません。

むずかしい言葉をつかって「すごいこと書いてるんだぞ、オレは」的に酔っている文章をよく見かけます。こういう文章を読むたびに、「わかってないな」って思います。

実際に、書いている人も自分が何を書いているのか、よくわかっていないんじゃないかって思っちゃいますよね。

わかりにくい文章というのは、書いている人が何を言いたいのかが、よくわかっていないのです。こういう文章の筆者は、言いたいことが自分でもわからないか、あるいは言いたいことがないのです。例えばこれ。

「20世紀という時代を振り返ってみると、日本人の食生活、食文化というものが大きく変わった世紀と言えるだろう。

この100年間を生きた日本人たちが、どのようなものを、どのように、どんなところで食

べたかを検証することによって、われわれの世紀がいかなる世紀かを明らかにできるはずであろう。また、かくまで食文化を多様化させ、とどまることを知らない人類の食欲というものは何か。こうした疑問にはおそらく、人類の存在そのものを問う意図が含まれている。そして20世紀を生きた『食』に関わる人間はその問いに対して答える義務を負っているのではないだろうか」

これは、ある企画書の文章です。

あなたはどう思いますか？　わかりにくいでしょう。非常に悪い例です。

何カッコつけてんのって感じ。

評論やエッセイ、研究論文じゃないんだから、これはないでしょう。きっとこの筆者は何もわかっていないのです。わかっていないのに、ある結論までもっていかなければならず、むずかしい言葉をつかって、わざと回りくどく、相手を煙に巻こうとしているのです。

だいたい「かくまで」とか、「明らかにできるはずであろう」とか、普段つかわないような言葉をつかったり、断定ではない曖昧な言葉づかいで「責任」を放棄したり、企画書の文章としては全然ダメですね。

これは間違いなく、自分が伝えたいことがわかってない人が書いたものです。

え？　どうしてそんなことがわかるのかって？

実は、この文章の作者は、何を隠そう、

ボクだからです。

これはまだボクが若いころ、ある外食チェーンに向けて書いた企画書の文章です。今読むと、「ぎゃっ！」と叫んで、ふとんにもぐり込みたくなるくらい恥ずかしいですね。

●イイ文章より、わかる文章

わかりやすい文章を書くためのコツは、

自分が本当にわかっていることを書く

ということなのです。

わかりにくい文章というのは、自分でもわかっていないってこと。だから、まず自分が本当にわかることが大事。

どうやったらイイ文章を書けるかということを考えていてはダメです。イイ文章なんて、誰も企画書に求めていません。いちばんダメなのは、とにかくわからない文章です。

企画書の文章に求められるのは「わかりやすさ」です。

あなたの企画を相手の心に届け、行動を起こしてもらうのが目的です。

人の心に届くメッセージとは、わかりやすさなのです。

歴史に残っているリーダーたちは、わかりやすい言葉を大切にして、世の中を変えてきました。

ヒトラー、キング牧師、ケネディ大統領、マンデラ大統領、オバマ大統領の例を出すまでもなく、言葉で人々の心は動き、いい意味でも悪い意味でも、世の中を変えてきた。

わかりやすいメッセージ、言葉で世界の形が変わるのです。

わかりやすさはとても大事。

そのためには、自分が何を言いたいのか、それをきちんともっているかどうか。

それが一番大事なことなのです。

自分が何を言いたいのか、それをきちんともっているかどうか。

きちんともっていれば、それをいかに自分の言葉で伝えるか、そういう努力が必要なのです。

それには、まず、自分が何を伝えたいのかを明確にすること。わかりやすい文章の第一歩は、そこから始まります。

伝わる企画書をつくるために

- 何を伝えたいのかを明確にしよう。
- 自分でそれがわかっているか？

『破』の『破』―「企画の展開」の技術⑦

どうしても書けない人は録音筆記法をやってみる

●話すように書く

「わかりやすい文章っていっても、文章は昔から苦手でねぇ……」
「話しているとスラスラ出てくるのに、書くとなるとちょっと……」
「伝えたい思いはたくさんあるけど、いざコンピュータを立ち上げると、進まない……」などなど。

こういう人って、ボクのまわりにもけっこういます。そんなあなたも大丈夫です。とってもいい方法があります。

わかりやすい文章を書くコツ、それは、「話すように書く」ということです。書くのは苦手でも、話すことなら比較的容易にできるでしょう。

話し言葉で書くのです。

「え？　企画書の文章で、そんなことしてもいいの？」

いいんです！


ビジネス用の文章だからって、カタク書かなければいけないなんてことはないのです。

あなたが話すように書けばいい。

でも話すように書くというのも、なかなかむずかしいものですよね。

そこでとっておきの方法をお教えしましょう。

●録音筆記法でスラスラ書く

この方法は、ボクがいちばん初めに本を出版したときにつかってみて、効果のあった方法です。

まず用意するもの。

デジタル録音機　1台。
ガールフレンド　1名。

これだけです。

デジタル録音機というのは、会議や取材でつかわれる、音声を録音する機械（ヴォイスレコーダー）です。

昔はテープレコーダーが主流でしたが、テープだと1時間とか2時間とか、録音時間が決まっています。でもデジタルのボイスレコーダーなら、12時間連続して録音することもできます。メモリーの容量によって、時間が選べるので自分に合ったモノを選べばいいのです。

それと、テープだと「あっ、あの話はどうだったかな?」と思っても、巻き戻しや早送りに時間がかかってしまうことがある。でもデジタルだと頭出しがとってもカンタン。自分が探していた部分を、すぐに探すことができます。

そうです、要はガールフレンドと会話をして、その会話を録音して、後でそれを文章にするのです。

「え? ガールフレンドじゃなきゃいけないの?」

あはは……。

ま、そんなことはないのですが、できたらあなたが大好きな人がいいということです。奥さまでもご主人でも、親友でも、ともかく好きな人に話すのです。

好きな人に話すほうが、話し方にも思いがこもる。伝わるように努力しますからね。

●まず、書きたいことを箇条書きにします
●それを見せて、質問してもらいます
●その質問に、あなたが答えていく
●それを録音しておいて、後から文章にするのです

●企画のウィークポイントが見えてくる

例えば『企画書は説得する道具ではない』という項目があったとします。

「ねぇ、企画書って説得するために書くって思ってたんだけど、そうじゃないの?」

「うん、今まではそう言われていたんだけどさ、違うんだな」

「どうして？」

「だってさ、君だって、説得されて服とか買う？　買わないでしょう。その服が欲しいと思うから買うわけでしょう。どんなに説得されても、欲しくないモノは絶対に買わない」

「そうよね」

「企画書だって同じなんだ。説得しなきゃ決まらないような企画は、やっても成功しないってこと。それにさ、ほら説得することって、ものすごいエネルギーがいるよね。そんな無駄なエネルギーをつかうより、そのエネルギーをこの企画をやりたいと思う人を探すほうに向けたほうがいいってこと」

「そうか！」

「お店で服を売っているのだってそうでしょ？　欲しくない人に説得して売り込むのと、欲しい人に『どうですか？』と言うのと、どっちがいいかは明らかだよね」


という具合に会話をしていきます。これを、後で聞いて文章にしていくと、スラスラと流れるような文章になっていくわけです。

もうひとつ、この方法のすぐれたところは、考えの詰まっていない部分が見えてくるということ。

弱点が見えてくるのです。

話すまではなんとなくわかっているつもりでも、説明を始めると、うまく説明できないところがあるのに気づくのです。その部分が、まだまだ「詰めが甘い」ということ。

「あ、この部分ちょっと矛盾しているぞ。もっと理解して解説できるようにしなきゃ」という具合に修正していけます。

自分ひとりでやっているときには気づかなかった「論理の破綻」や「仮説の矛盾」など、その企画のウィークポイントが見えてくるのです。

だから、せっせと

大好きな人に話しましょう。

人に話すように書くのが、いちばんわかりやすい文章なのです。

わかりやすい企画書を書くために

- **大好きな人に向かって話すように書こう。**
- **大好きな人がいますか?**

『破』の『破』―「企画の展開」の技術⑧

最後はアプリケーション企画でひと押しする

●期待をさらに増幅させる

本来の企画を説明した後に、補足的にアプリケーションの企画を提案することがあります。アプリケーションというのは「応用」という意味です。

例えば、新商品企画をした場合、その商品を売り出すための広告のプランを入れたり、売り場展開のプランを入れたりすることです。

水族館の企画だったら、メインの施設の企画以外の、例えばボランティア組織のことだったり、イベントのプランだったりするわけです。

要はクライアントに、この企画をすることによって、さらにこういう展開もできますよ、ということを期待させるわけです。

●相手が考える余地を残す

ここでは相手に考えさせる要素をつくっておくことも重要です。

企画書をつくる場合は、すべての内容を言い切ってしまうのではなく、クライアントにイマジネーションのキッカケを与えるような工夫をすることも、テクニックとして必要な場合があります。

「この企画を採用するとこんな展開ができる」とか、「あんなことにもつかえる」といった先行きの展開を期待させて、楽しませてあげることが大切です。

例えば、あるイベントを企画するとしたら「その後、こういった展開ができるなぁ」とか「参加者の名簿をデータにしよう」とか「こんなキャンペーンが続けてできそうだ」などと、

想像できるような内容にするわけです。

読み手に企画内容の世界に入り込める余地を残してあげて、自分なりのイメージを膨らませてもらえるようなつくり方を心がけるのです。

こうしたアプリケーション企画があると、あなたの企画書により幅が出てきます。

期待を膨らませる企画書をつくるために

- **将来の展開に期待させる。**
- **相手にも考えさせよう。**

『急』――「まとめ」の技術

数字は大切。これを忘れちゃ、ケチがつく！

●企画で勝って、コストで負けることもある

企画を検討するクライアント側には、必ず見積金額や収益見込み等の「数字」に敏感に反応する人がいるものです。

どんなに素晴らしい斬新な企画を出しても、数字的な根拠が乏しいとそれを理由に反対する人が出てくるので、数字に対しては常にシビアに対応する必要があります。

ボク自身、これで何度失敗したことか……。

ある大手居酒屋チェーンが都内有数の繁華街に、ビル一棟まるまるつかった居酒屋を計画し、企画会社数社を対象にコンペを行いました。

そこでボクはビル全体をテーマ性のある店に仕立てた、かなり気合いの入った企画を立てました。ところが、最終段階で負けてしまったんですよね。

社長以下重役たちのほとんどが賛成してくれたエンターテインメント性あふれる好プランだったのですが、あるオペレーション担当の役員の強硬な反対にあったのです。

その人の言い分は「コストがかかりすぎる」ってことでした。

結局、ボクの企画はボツ。各階の店舗がどれも似かよった構えの、どこにでもありそうな凡庸な居酒屋集合ビルになりました。

その結果、とはもちろん言いませんが、結局その会社は会社更生法を申請して現在再建途中。あのとき、数字だけでなくもう少しビル全体のテーマやエンターテインメント性をコンペの採用基準にしていればこんなことにならなかったのでは……と、手前味噌ですが思ってしまいましたね。

しかし、企画は通ってナンボのものでもあります。

最終的段階まで通すためには、やっぱり「裏付け」としての数字が必要なんです。「いいな〜、面白いな、このプラン」と思った後に、

数字でも安心させてあげれば鬼に金棒というわけです。

ところが企画立案が得意な人って、往々にして数字には弱いものなんですよね。それでだんだん数字に強くなってくると、今度は企画自体が面白くなくなってきちゃったりして……。「見積もり、数字」はその分野が得意な人がいたら、素直に頼んでしまうのがいちばんということでしょうか。

でも自分でもちょっと調べれば、説得力のある数字はすぐ出せるはずです。

●クライアント落としの強力なツール

先ほどの数字とちょっと関係しますが、今度は企画書中の説得力ある数字の話をしましょう。

文章の中での「数字」（価格ではなく）は、実は強力な「クライアント落としツール」のひとつなんです。

例えば、新聞や専門書、研究所が発表するような日頃から度々目にする何気ない数字ってありますよね。ボクはかつてある本を見ていて、グッときた数字がありました。

「消費者の86・5％が店内で『この商品を買う』と決めている……」

これを読んだとき、正直「これだ！」と思いましたね。早速メモし、その後数々の店舗関係でのプレゼンや企画書につかわせていただきました（感謝！）。

こういう数字って、日頃から意識して見ていると、実はしょっちゅう目にするものなんです。

「朝日新聞の調査によれば、消費者の90％以上の人が欲しいものはないと答えています」

などという一文を企画書に入れると、それだけで信頼性が増すのです。

権威に弱いですからね、人間というのは。

こういったマスコミなどの、信頼のある名前を利用することがあります。

「時には**トラの威を借る狐**になってみよう！」

っていうことです。

「トラの威を借る狐」とは、〝権力者の威力を盾にしてからいばりするもの〟という意味で、肯定的な言葉ではありませんが、企画書を書くとき、ちょっとトラの力をお借りして企画書の信用度をあげてみるのも手なのです。

文章の中に**「朝日新聞」「日本経済新聞」「ＮＨＫ」**などと入っているだけで、無意識のうちに、読み手の信頼度は高まっているのです。

データなら、名の通った団体の統計データなどをつかいますよね。そういうところの名前は、積極的に出すってことです。例えば、グラフや表のわきに**「～協会調べによる」**とか**「～庁～年度統計による」**と書いて企画書に付け加えるだけで信頼感が高まるのです。

これからは、自分の業種に関係しそうな数字を目にしたら、必ずメモすることを心がけましょう。きっと説得力ある企画書づくりに役に立つはずです。

説得力のある企画書をつくるために

- **データに敏感になろう。**
- **マスコミの名前を利用しよう。**

COLUMN

面白きことなき世を面白く

高杉晋作という人がいました。
そうです。幕末の激動期に、彗星のようにあらわれた天才です。ちょっと死ぬのが早かったですよね。彼がもう少し長生きしていたら、明治維新もちがったものになっていたのではないでしょうか。つまり、日本のかたちも、違ったものになっていたということです。

「面白きことなき世を面白く」

これはその高杉晋作の辞世の句です。仕事もこれにたとえることができます。

みなさん、仕事は楽しいですか？　楽しくない人もいるかもしれませんね。でも仕事って、人生のうち、ずいぶんたくさんの時間を割いていますよね。

とくに最近は、24時間フルにビジネスが動いている。人生の時間をたくさん使うコトなら、楽しんだほうがいいでしょう。

今あなたが、「仕事がつまらない」と感じていたら、仕事を面白くする方法を考えてみてください。

一流のプランナーなら、自分の仕事を楽しくすることができるはずです。

仕事を遊ぶのにはどうすればいいか？　それを真剣に企画してみましょう。

「仕事は仕事。がまんして、アフターファイブに遊ぶから、そんなこと考えたくないよ」

そう思ったあなた。これからのビジネスでは確実に使いものにならなくなります。これを読んで、真剣に「仕事を遊ぶ」ことを考えた人に追い抜かれるからです。

仕事を楽しくやっている人間は、とても強いのです。一流のプランナーは、例外なく仕事や生活や遊びを楽しんでいます。そういう楽しいことから、素晴らしいアイディアが浮かんでくるからです。

今までやっていなかった遊びをやってみましょう。
今まで行ったことのないレストランに行ってみましょう。
今まで観なかった種類の映画を観てみましょう。
そして、仕事が楽しくなる方法を考えてみましょう。
机上の理論より、「体験」が大切です。

PART 2

カンタンにできる！あなたの企画書がグレードアップするテクニック

同じ企画内容でも、書き方、見せ方のちょっとした工夫でまるで見違えるようにグレードアップすることがあります。

ここでは、説得力が増すちょっとした方法、見栄えのする企画書をつくるノウハウを解説していきます。

企画の神は、ディテールに宿る。それをお忘れなく。

その気にさせるテクニック①

どんな常識も「仮説」にすぎない

●思い切って言い切る

わかりやすい文章のところで、「曖昧な表現は避ける」と書きました。

ところが最近は、日常的に曖昧な表現が多くなっています。「～みたいな」「～て感じ」という若者のはやり言葉が定着し、柔軟な表現なのか、言葉であらわし切れない感情をあらわすためなのか、曖昧な表現がいたるところで聞かれます。先の見えない社会の不安から曖昧にしておきたい気持ちのあらわれなのでしょうか。

曖昧さは、日本人特有の優しさや美学、自己主張を嫌う伝統的なものと思っていましたが、最近では外国でも若い世代は曖昧な表現をつかう傾向があります。

米国の女子学生の間では、「～みたいな」にあたる英語「ｌｉｋｅ」「ｋｉｎｄ　ｏｆ」が好まれています。韓国でも、自分ではっきりわかっていることでも「～しなければならないようです」といった表現が頻繁につかわれています。

でも、世の中の風潮がどうあれ、企画書は曖昧な表現で相手を不安がらせてはいけません。

言い切ったほうが勝ちなのです。

人には、無意識のうちに、確立されたモノに対する信仰があります。企画書の場合、曖昧な表現はマイナスの効果しか生みません。

企画書の中の世界は、あなたの会社、あなた自身の仮説の世界なのです。誰にも遠慮はいりません。だから、自信をもって言い切りましょう。

文章は「～だと思う」ではなく、「～だ」「～する」と断言するのです。

「どちらも思いを伝えるものなので企画書はラブレターみたいな物なのだと思う」よりも、「『企画書はラブレターだ！』なぜならどちらも思いを伝えるツールなのだ」と言い切ったほうが信用できるでしょう。

たとえ仮説であっても、それがあなたもしくは会社の意見なのだから自信をもって断言しましょう。

●結果を先に、理由は後で

文章はだらだら書くのはやめましょう。結果を先に言い、小見出しを付けて「なぜなら～」と続ける。話すときも先に結果を言ってから話すほうが説得力があります。聞く側にも心の準備というものがあるのです。準備ができていたほうが話の内容も浸透しやすいのです。

例えば、「大儲けする方法について」という講演会があったとします。詳細を知らされずに株や競馬でお金儲けできる話が聞けると思ってきた人々に、地道に働いて信頼を得ればいつかは大儲けができるという話をしても浸透していきません。

あらかじめ「どういった有益な情報」であるのかを示してあげると、受ける側も姿勢が違ってくるのです。

●聞きなれない言葉で印象づける手も

前に「専門用語、業界用語をたくさん入れるのも問題です」と書きました。また、「ひとりよがりな造語はマイナス」ということも書きました。

でも、一概にそうとは言えないこともあります。専門用語、業界用語または他では通用しない造語をつかって効果的に印象づけることもできるのです。

例えば、ある企画書で「今その商品を『すぐ買いたい』と思っている」客を『ホット客』と表現しました。もちろん造語です。

企画書の中で『ホット』という言葉に丁寧な説明を加えて、『ホット』をキーワードにして「見込み客のホット化」など『ホット』という言葉を繰り返しつかうのです。

するとキーワードとして、印象に残ります。企画書としての個性も出てくるのです。

企画書の中だけの仮の言葉であっても、

相手と共有することができれば、共感にもつながるのです。

●仮説を真実と思わせるのが企画書の技術

どんなに説得力があっても、それはすべて仮説にすぎません。世の中のどんな企画も、学問も、常識もみんな「仮説」なのです。

以前、「レストランのテーブルクロスの色で、料理のオーダー率が変わるかもしれない」と思い付いたことがありました。これ、もしそうだとしたら、すごいことでしょう。色彩心理学の本を読んでいて、暖色系と寒色系の色の話が出てきました。

「暖色系の色は交感神経に作用することで、楽しい気持ちにさせたり、精神を興奮させたりする。実際に赤い色を見ると、血圧が上がったり、脈拍が増えたりということが実験で明らかになっている。また、寒色系の色は副交感神経に作用することで、精神を沈静化させ、抑制化する働きをする」

これを読んで、「じゃ、暖色系のテーブルクロスなら楽しい気分になって、ついついアルコールなんかの追加オーダーが増えるかもしれない」という仮説を立ててみたのです。

レストランを三つのスペースに分け、それぞれ三色のテーブルクロスをつかってお客さまがどういう反応をするかを調べました。つかったテーブルクロスの色は、あずき色を明るくした赤系、からし色のような黄系、そして従来のスカイブルーです。

この実験を、何日か続けてテーブルを変えながら実施しました。

するとどうでしょう！

アルコール類の追加オーダーがいちばん多かったのは、「赤系」のテーブルクロスのゾーンだったのです。

こういう具合に仮説を立て、実験して結果が出ても、これはまだまだ仮説です。それを信用するかしないかは、読んだ人の捉え方なのです。

どんな企画書も仮説を述べているのです。
いかに仮説を真実のように見せるか？
それが企画書をつくる技術なのです。

これから、あなたの企画書をグレードアップするためのテクニックを紹介します。
「カンタンにできる！　あなたの企画書がグレードアップするテクニック」です。

信頼性の高い企画書をつくるために

- **仮説を真実に思わせることができるか？**
- **ちょっとした工夫をしてみよう。**

その気にさせるテクニック②

クライアントの「ヨイショ」も大事

●みんな自分のこと（会社）が好き

クライアントは当然のことながら自分の会社や組織が好きです。とくに決定権のある役職についている人など、上に行けば行くほどその傾向は強まります。

ボクが以前関わった案件で、大手鉄鋼メーカーが東北のある自治体に1機数億円する風力発電機を売ろうとしたことがあります。

数社ある競合会社とのコンペの中で、他社に抜きん出るためにボクたちが考えたのが「地域興し」的効果も期待できるような、さまざまな施設を付加するという案でした。

企画を立てたボクたちもだんだん乗り気になってきて、しまいには「こんな場所いいじゃない！　永住したいね」とか「別荘欲しいな」なんて気持ちになってしまいました。

冷静に考えれば、典型的な東北のある一地域なのですが、何度も調査に行って民宿に泊まり炉端で夕食をとったりしていると、そこの環境の良さをしみじみ感じちゃう。そうすると、企画書の内容でもその土地をガンガン褒めちゃうわけです。その時の企画書を読んで、担当者もその地域の首長も絶対喜んでくれたと思います。もちろん、風力発電機は導入されました。

●絶対に相手を否定しない

話がちょっとそれましたが、企画書を提出する会社や自治体の人は「絶対にその組織のことを愛しているのだ」――という事実をいつも念頭においておくこと。

そして組織の良い面を見つけ、書いてあげる。さらに「もうちょっとこうするともっと良くなります、売上が伸びます」と提案することで、説得力も倍増するわけです。

否定してはいけません。 **誰も自分の批判は聞きたくないのです。**

どんなにダメなところでも、必ず長所はあるものです。どんなにイヤな人でも、いいところがあるように。

そこを見つけてまずそこを褒める。そして改善するところを指摘してあげるのです。

説得力のある企画書をつくるために

- **お客さまをもっと知ろう。**
- **企画の対象をもっと好きになろう。**

見栄えをあげるテクニック①

1秒で見る――レイアウトの確認

●一目でわからなければやり直し

企画書がある程度できたら、

各ページをざっと1秒間見てみましょう。

そのとき、各ページでいちばん言いたいことが最初に目に入らなければ、

レイアウトのやり直しが必要です。

一目で見てこのページは何が言いたいのかがわからなければ、そのページは退屈なものになっているのです。読む人が面倒に感じてしまう。

それではダメです。読みたくなる企画書にしなければなりません。

ページのタイトル、小見出しは付いていますか。

言いたいポイントに、アンダーラインを引いてみるとか、文字の大きさを大きくしてみるとか、行間を空けてみるとか、いろいろな方法があります。伝えたいポイントを目立たせる工夫

が必要なのです。
例えば、目立ち度、わかりやすさが格段に違ってくる工夫には次のようなものがあります。

●目立ち度抜群のちょっとした工夫

「アンダーライン」

アンダーライン（下線）で言いたいことを強調します。これはけっこうつかわれている工夫ですが、効果はあります。

「文字の大きさを変える」

あなたなら、もう気づいているでしょうが、この本にも多用していますよね。言いたいポイントの文字を大きくするのです。

フォント（字体）も、地の文とは違うものにします。

拾い読みしても、内容が伝わって、面白そうと思ってもらえるように工夫しましょう。

「ブロック」

文章を枠で囲んで強調したり、キーワードをボックスに入れたり、強調したいところを目立たせる方法です。

コンセプト・マップなどにもつかいます。

「小見出し」

企画書のタイトルのところでも書きましたが、小見出しはとっても有効です。拾い読みできるからです。見出しを拾い読みさせ、興味を惹くことができれば、後でゆっくり読んでもらうこともできます。

小見出しをざっと見て、「あ、これはきっと有益な情報だ」と思わせなければなりません。そういう役割なのですから、普通に「企画の目的」とか「企画の背景」といった小見出しではもったいない。内容をズバリとあらわし、興味を惹くものにしなければなりません。タイトルの付け方と同じです。

「カラーで強調」

今はかなりカラーの企画書が増えています。カラープリンターも普及しているのでカラーをつかうのも効果的です。

文字の色を白にして、背景を黒のボックスにするなどの工夫もしてみましょう。

などなど、ちょっとした工夫で、読みやすいページができるのです。頭をつかって、読む人の心理を想像すれば、いろいろなアイディアがわいてくるでしょう。

●低コストでも工夫はできる

「そりゃあ『色』をつかったほうがいいに決まってるじゃん。そうは言っても……」

カラーで写真や文字がつかわれていたら、そりゃあいいですよね。見やすいし、読みやすいし、イメージも伝わりやすい。

「でもウチの会社、ソフトはＷｏｒｄしかないし、カラープリンターもカラーコピーもない。当然コストもかけられないし……」

わかっています。そういう会社だってもちろんあるでしょう。

じゃああきらめるしかないのか……、そんなことは断じてありません。

別の方法を考えればいいんです。

最近ではコピー用紙にも色の付いたものがたくさん出ています。ベージュやイエロー、グリーン、ピンクなどいろいろありますよね。これらを効果的につかえばいいんですよ。

ねっ、なかなかいいでしょ？

肝心なことはズバリ、「机の上に置かれたときに目につく！」ということ。

とくに担当者の机の上は、他の企画書や書類が山積みされていることが多いので、目立つことは重要なのです。

●スタイルが古いと企画も古く見える

でも、目立てば何でもいいというわけではありません。

やたら凝ってもデザインがうるさくなって、逆効果になります。


また、よくつかわれる方法で、古くなったやり方もあるので注意が必要です。

例えば、網掛け、タイトルの飾り枠、斜体、平体は今や時代遅れだから注意しましょう。

よく表紙のタイトル文字を斜体にしたり、ちょっと平らにつぶしたり、さらには網掛けや飾り枠をつかったりして「ビジュアル効果をあげる」なんて書いてある企画書のハウツー本がありますよね。

イイ工夫、ダメな工夫

効果的な工夫

アンダーラインを引くと目立つ

文字の大きさを変えると目立つ

ブロックで囲むと目立つ

◆小見出しを付けると目立つ

カラーで強調すると目立つ

逆効果になる工夫

斜体を使うと古い感じ

平体を使うと古い感じ

網掛けも古い感じ

飾り枠は古い感じ

それって**全然ダメ**です。

世の中の企画書と呼ばれるものが、ワープロ（パソコン）でつくられるようになって20年以上が経ちます。20年以上前から、「斜体」「平体」「網掛け」「飾り枠」は使用されてきました。

だから、今のクライアントたちは、そんなスタイルをもう何十回、何百回と見てきているわけです。

せっかく新しい考えやデザインを提案しようというときに、そんなつかい古されたスタイルのものをパッと見せられて「これは面白そうだ」と思う人がいるでしょうか？

「斜体」「平体」「網掛け」「飾り枠」はもう卒業しましょう。

そんなものをつかうよりも、先にあげたシンプルな方法で工夫したほうが、いい結果が出るはずです。

読みやすい企画書づくりのために

- **読まれるためには工夫が必要。**
- **読む人の心理を想像しよう。**

見栄えをあげるテクニック②

チラシを参考にしよう――「Zの法則」

●チラシはアイディアの宝庫

週末などになると、新聞に大量の折り込み広告が挟み込まれています。

ポストの口を壊す勢いの量の時など、新聞の一面がボロボロになっていて、これじゃ新聞が台なしじゃないか、と腹立たしいことも度々ですよね。買う予定のないマンション不動産物件の広告、「私こんなに痩せました」とかいう使用前・使用後のエステの広告、所在もわからないスーパーの広告が満載です。

いったい、これらのうちの何枚が、どれくらいの人に引き出され、なおかつ読んだ人の心に留まることができるのだろうと、いつも思ってしまいます。

新聞はご主人、広告は奥さんというのが朝の一般的な分担のようですが、ボクは時に腹を立てながらもこの広告の仕分け作業をしています。

まず、車なら興味があるとか、お腹が気になるから痩せたいとか、個人的な事情を半分くらいに抑えて、1枚につき3秒程の速さで見ていき、インパクトのあるコピー、目立つレイアウト、心惹かれるうたい文句、などがあるものを分けていきます。

それからその1枚1枚を見直して分析します。

企画書は、プレゼンテーションや会議の場というように、ある意味、提出したもの対して、「積極的に向かってもらえる機会」という好条件が与えられています。

しかし新聞折り込み広告は、人々の頭の働きの鈍い朝、おまけに忙しい時間に、1枚に対して、3秒以下の時間という厳しい条件で闘っています。

記憶してもらおう、理解してもらおうと必死なのです。だから参考になります。

例えば「Zの法則」。

●レイアウトはチラシを見習え

広告をつくる人の間ではかなり一般的になっている法則で、企画書に応用できる「Zの法則」というものがあります。

これは、ある限られた空間の中の情報を読み取るとき、ボクたちの視線は、本能的に左上から右へ、右から左下へ、左下から右へ、とZ字の形に移動するというものです。

チラシづくりのプロは、消費者の、無意識の目の動きを取り入れて、チラシの紙面をつくるのです。

まず、チラシの左上、右上といった隅に、旬の食材などの目玉商品を大きく載せる。

視線は左から右へジグザグに動くから、売りたい（買わせたい）商品を消費者に強く訴えることができます。隅に配置したほうが、二つに折ったときも商品がぱっと目に入る、という利

Zの法則を利用する

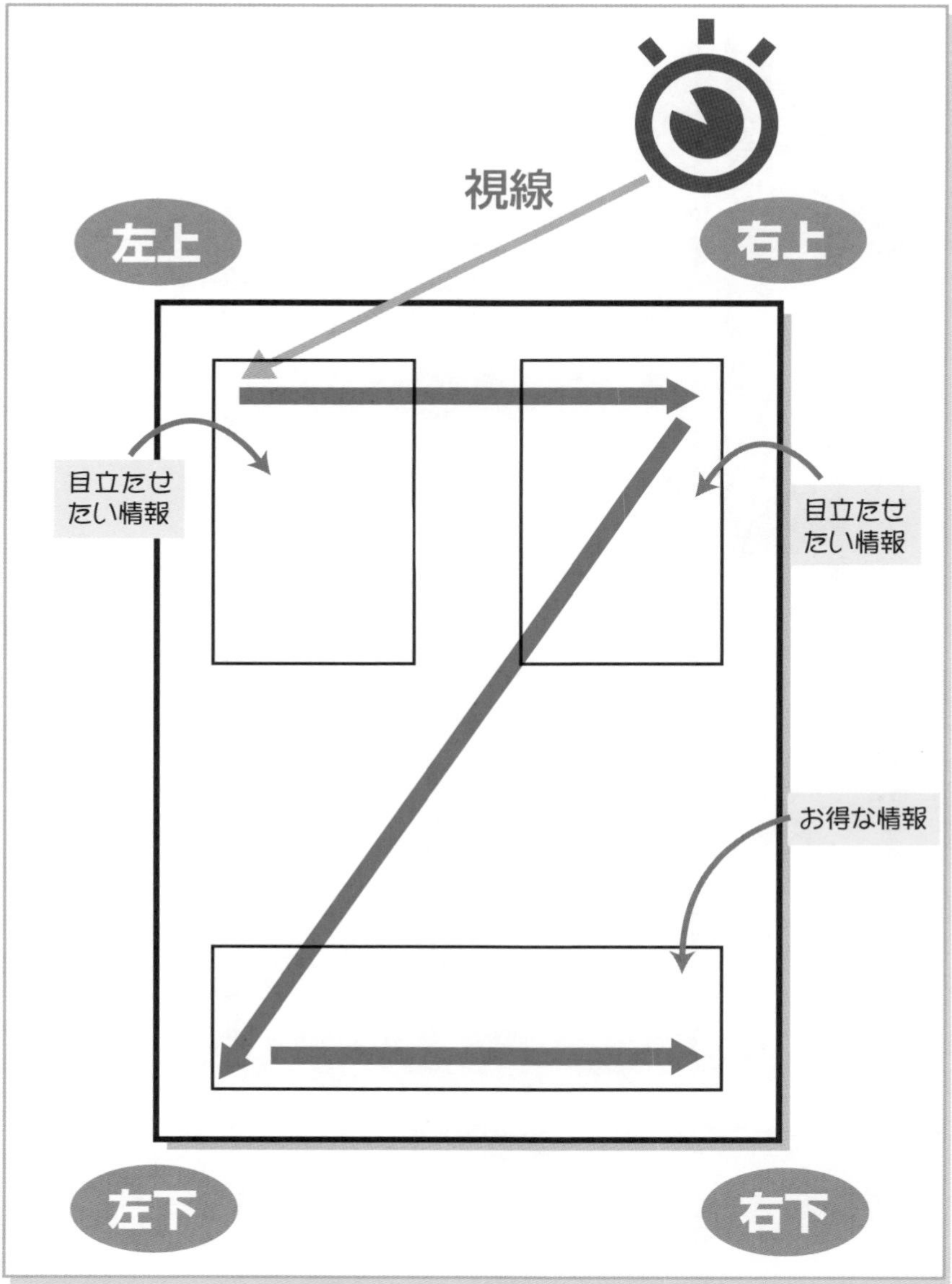

視線
左上
右上
目立たせたい情報
目立たせたい情報
お得な情報
左下
右下

点もあります。

「Z」の動きの最後に目に入るよう、下の段に日替わり商品を並べるのも、より強い印象を与えるのに効果的です。

良くできた折り込みチラシというのは、たいていこんなレイアウトになっています。

このように、レイアウトなどは、日々新聞に折り込まれているチラシなどからも情報を得ることができるのです。

この法則を企画書のレイアウトにつかうことがあります。とくに「ワンシート企画書」などは、この法則が有効になってきます。

雑誌や本、広告など、あなたの心に留まった面白いものを、どんどん真似していきましょう。ヒントはそこら中に散らばっています。

反応の良い企画書づくりのために

- **身の回りのさまざまなことが参考になる。**
- **面白いと思ったら何かにつかえないか考えてみる。**

見栄えをあげるテクニック③

企画書のフォントの使い方

●フォントに込められた無言のメッセージ

フォント（字体）の種類も、企画書作成には重要な要素です。

どうしてかというと、フォントには無言のメッセージが込められてしまうからです。

つまり、字体によって、あるイメージができてしまうということ。そして、フォントの発信しているメッセージが、見ている人のイメージや捉え方、感じ方に影響を与えるからです。

選んだフォントによって与えるイメージが変わるのですから、選び方にも気をつかわなければなりません。

その企画書にふさわしいフォントを選ぶのです。

基本的なルールとして、無闇にたくさんの種類のフォントをつかったり、何も考えないで選んだりしてはいけません。

企画書をつくり始めたばかりの人や、パソコンにようやく慣れてきた初心者が陥りやすい過ちがまずコレでしょう。

「ワッ、この字体かわいい！」

「このフォント超かっこいい！」

と言って、珍しい字体をついついたくさんつかってしまうんですよね。

実は、見慣れないフォントは読みにくいんです。

字体の形に気を取られて、内容よりそのイメージが強くなってしまうことがあります。全体の印象が散漫になってしまうのです。

読みにくいだけでなく、言いたいことのポイントもぼやけてしまう恐れがありますからね。

フォントを欲張ってつかっちゃダメなんです。

●企画のイメージを字体であらわす

たいていの場合、見出しは「ゴシック」、内容は「明朝」それもやや太めの書体（重い感じがしないことも重要）が無難です。欧文書体だったら「Ｔｉｍｅｓ」のようなスタンダードなものがいいでしょう。

でも、「ゴシック」と「明朝」は、あまりにも見慣れているので、面白くないと感じることもあります。また、なんとなく「カタイ」イメージがあることも事実です。そのため、企画書自体が、カタイ印象になることがあります。

楽しい施設の企画提案をしているような場合には、これがマイナスになることがあります。

ボクの場合、集客施設の企画書を書くことが多いので、与えたいイメージにふさわしい字体をつかうようにしています。

言葉のイメージに合ったフォントはどれ？

1	新しいネットワーク	（ゴシック体）
2	新しいネットワーク	（明朝体）
3	新しいネットワーク	（クラフト「遊」体）
4	新しいネットワーク	（隷書体）
5	新しいネットワーク	（まるもじ体）

1 ライフスタイルカフェ
2 ライフスタイルカフェ
3 ライフスタイルカフェ
4 ライフスタイルカフェ
5 ライフスタイルカフェ

1 ドキドキさせる水族館
2 ドキドキさせる水族館
3 ドキドキさせる水族館
4 ドキドキさせる水族館
5 ドキドキさせる水族館

1 隠れ家風和風ダイニング
2 隠れ家風和風ダイニング
3 隠れ家風和風ダイニング
4 隠れ家風和風ダイニング
5 隠れ家風和風ダイニング

以前松山で、夏目漱石の『坊ちゃん』にちなんだ集客施設を企画したことがあります。その時には、あえて「教科書体」という、ちょっと古い感じを与えるフォントを使用しました。これはもちろん、昔懐かしいレトロ感と「坊ちゃん」の世界の演出効果を狙ったためです。カジュアルなレストランなどの企画書には、「細丸ゴシック」をつかって、カジュアル感や親しみやすさをイメージさせることがあります。

●フォントひとつで企画書がグレードアップする

前ページを見てみましょう。ここにさまざまなフォントの例が出ていますよね。

「新しいネットワーク」
「ライフスタイルカフェ」
「ドキドキさせる水族館」
「隠れ家風和風ダイニング」

それぞれの言葉を、5つのフォントで書いています。
フォントよって、伝わるイメージが違うでしょう。

「新しいネットワーク」は、1の「ゴシック」か、2の「明朝」が、やはりいいと思いませんか。信頼できそうですもんね。

「ライフスタイルカフェ」は逆に、1や2だったら、面白くないですよね。

「ドキドキさせる水族館」は、ドキドキ感を出すために、3か5の手書き風のフォントが楽しそうです。

「隠れ家風和風ダイニング」は、上質感と和風のしつらえを想像させる4の「隷書体《れいしょたい》」がぴったりきそうですよね。

言葉のもつイメージ、伝えたいイメージが、最も効果的に表現できるように、フォントにも気をつかいましょう。

フォントをちょっと工夫するだけで、あなたの企画書は飛躍的に良くなることもあるのです。

楽しい企画書をつくるために

- **字体はイメージをもっている。**
- **ちょっとした工夫をしてみよう。**

見栄えをあげるテクニック④

企画の神はディテールに宿る

●ディテールに凝る

さあ、あなたの企画書がだいぶできてきました。

全体がだいたい見えてきたら、今度は細かいところを考えていく段階です。

「全体がしっかりとできていて、論理的に破綻がなく、きっちりと筋が通っていれば、あまり細かいところにこだわらなくてもいいのです」

という言葉を期待していたあなた、

違うんですよ。

ディテール（細かいところ）に、「企画の神」が宿るのです。

細かいところにこそ、凝ってみるのです。

もちろん、全体ができていないのに、細かいところに凝ってもしょうがないというのはわかります。でも細かいところがしっかりできていないということは、その企画も、ちゃんと詰められていないということなのです。

ページの表記を月の満ち欠けで遊ぶ

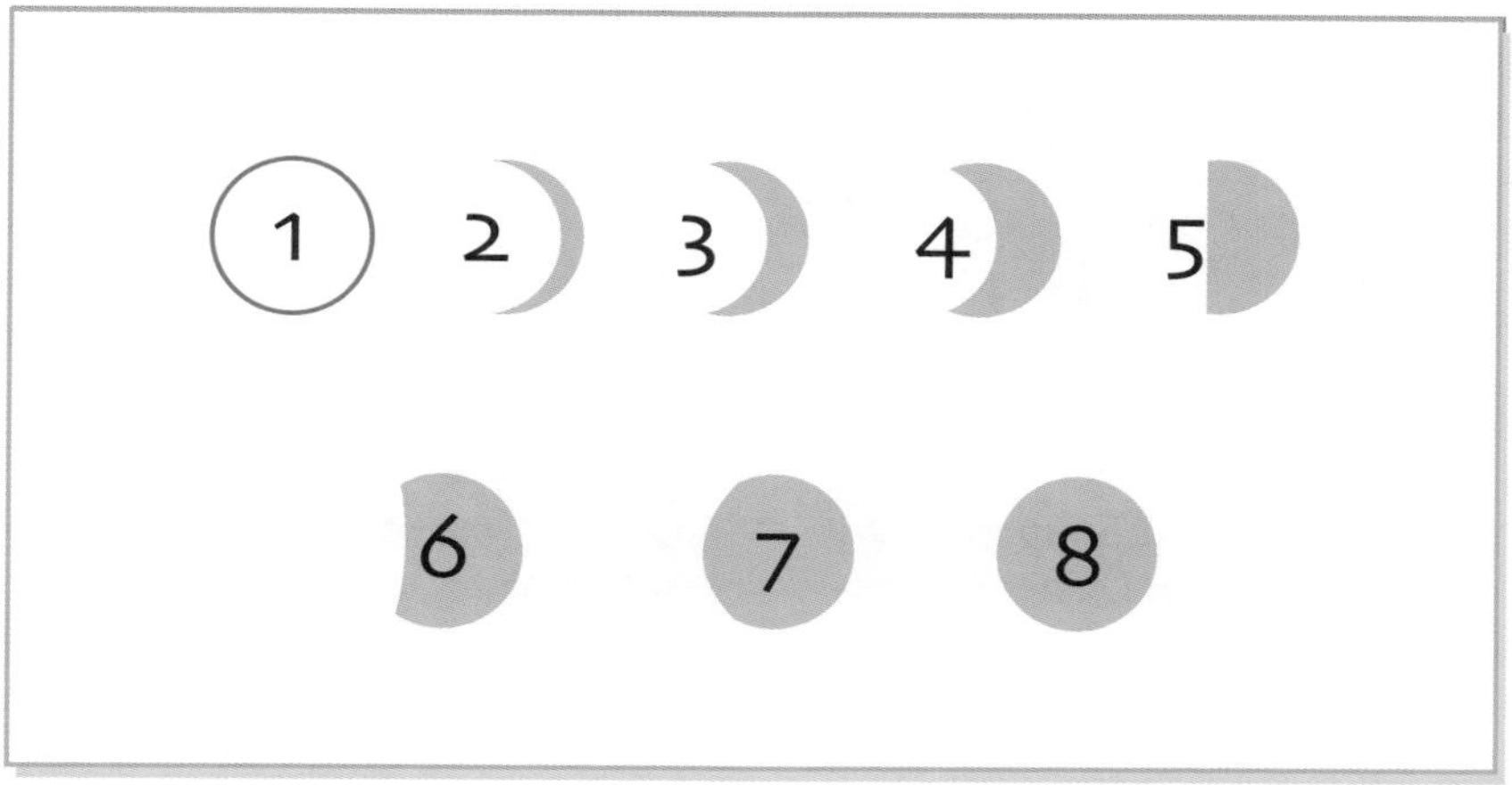

ブランドショップ出店のための企画書

よく詰められた企画は、自然にディテールが見えてきます。

●ページ表記に凝る

例えば、カンタンにできることに「ページ」の数字があります。各ページに、数字を入れるでしょう。あれに凝ってみる。

字体に凝ったり、デザインを普通とは違うものにしてみたり、企画書のコンセプトに合ったページの数字をつかう。

以前、企画書のページを「月の満ち欠け」であらわしたことがあります。

新月から始まって、ページが進むに従って、だんだん月が満ちてくるのです。そして最後の結論のページで、満月になる。

これはあるショッピングモールに、外国の有名ブランドを出店させたときの企画書です。このショッピングモールは、「地球

目次をメニュー仕立てに

Welcome to New Restaurant
ようこそ、レストラン○○へ

Menu

Aperitif	＜食前酒＞	新しいレストラン（はじめに）
Appetizer	＜前菜＞	21世紀の飲食施設とは？
Salad/Soup	＜サラダ/スープ＞	○○グループの集大成として
Main Dish	＜お料理＞	各フロアーの詳細
Dessert	＜デザート＞	マーケティング企画
Coffee/Tea	＜コーヒー/紅茶＞	おわりに

外食チェーンの新レストラン企画書

環境」や「自然」をテーマにしたモールでした。

企画書の中に出てくる時間の流れも、普通の時計をつかわずに、日の出、日の入り、月齢など、昔ながらの時間の概念を使用するつもりだったのです。

ね、そう考えるとコンセプトにぴったり合っているでしょう。結果的に、この有名ブランドの誘致に成功しました。

●目次はメニュー、見積もりは会計票

外食チェーン向けに書いた新しいレストラン展開の企画書の場合、上のように全体を「フルコースの料理」というコンセプトでつくったこともあります。

その時は表紙に、

「ようこそ、レストラン○○へ」

設計見積書は「お会計票」のデザインに

基本・実施設計及び設計管理
御見積書

お会計票

月　　日　　No.

品名	数量	単価	金額
基本設計	1		8,000,000
実施設計	1		5,000,000
設計管理	1		2,000,000

テーブル
名様
係

小計	¥15,000,000
消費税額等（税率　%）	¥750,000
税込合計	¥15,750,000

毎度ありがとうございます

[redacted]株式会社 様　　1月 21日

税込合計金額　¥15,750,000

夢のレストラン

LJ-288P

外食チェーンの新レストラン企画書

（もちろん、この〇〇〇〇には新しいレストランの名前が入ります）と、大きく題名を出し、サブタイトルは、

「ライバル店を、アッと言わせる新業態レストラン企画」

としました。


「目次」は**「Menu」**という呼び名になっています。

「企画の背景」について述べるところの項目は**「前菜」**になっています。

そして、企画の主要な展開は**「メインディッシュ」**です。

補足説明の部分や、資料は**「デザート」**にしました。

この時の最後のページは「見積もり」を提示したのですが、それはオリジナルの**「お会計票」**にしたのです。そうです、レストランなどでウェイターやウェイトレスがテーブルに置いていく、お勘定を書いた紙です。


ここまで凝れれば、あなたはもう企画のプロと言っていいでしょう。

他にも、細かいところに凝ることができる要素はたくさんあります。

例えばページ全体に枠をつけるだけで、企画書がグレードアップすることがあります。枠がないページよりも、細い線で枠をつくり文章を囲むだけで、ずいぶんと見え方が変わってきます。

あるいは、企画書の紙に凝ることもできます。最近はプリンターやコピーでつかえる和紙素材などもあります。和風ダイニングや、日本文化を伝えるイベントなどの企画書にはそういった紙をつかうといいでしょう。

ディテールに徹底的にこだわってみる。そうすると、今まで見えないことが見えてきます。それがあなたの企画書の個性になることもあるのです。個性が際だって、競合他社に差をつけることができるかもしれません。あるいは、楽しい雰囲気や、企画に対する思いが熱く伝わるかもしれません。

ともかく、自由に楽しく細かいところに凝りましょう。

楽しい企画書をつくるために

- **企画書のテーマを決めてみよう。**
- **いろいろな表現に挑戦しよう。**

見栄えをあげるテクニック⑤

認知心理学の法則を取り入れよう

●認知されやすい法則とは？

相手に伝わる企画書を目指すのなら、科学の力も借りましょう。クライアントの反応を良くするためには、どんなことでもやってみるという姿勢が大切なのです。

心理学の分野に「認知心理学」というものがあります。人間が「物事をどのように認知するのか」を解明する、心理学の中でも比較的新しい学問で、最近注目されています。

認知心理学的法則を取り入れると、あなたの企画書がより認知されやすくなり、記憶に残りやすくなったり、印象が鮮明になったり、反応が良くなったりするわけです。

認知心理学には、「認知されやすい法則」がたくさんあります。

例えば、次ページに載せているのはある企画書の表紙です。ホテルのレストランの、プロモーションの企画です。

この表紙には、認知心理学の法則が駆使してあります。

例えば、次のようなこと。

認知されやすい法則を使って表紙をつくる

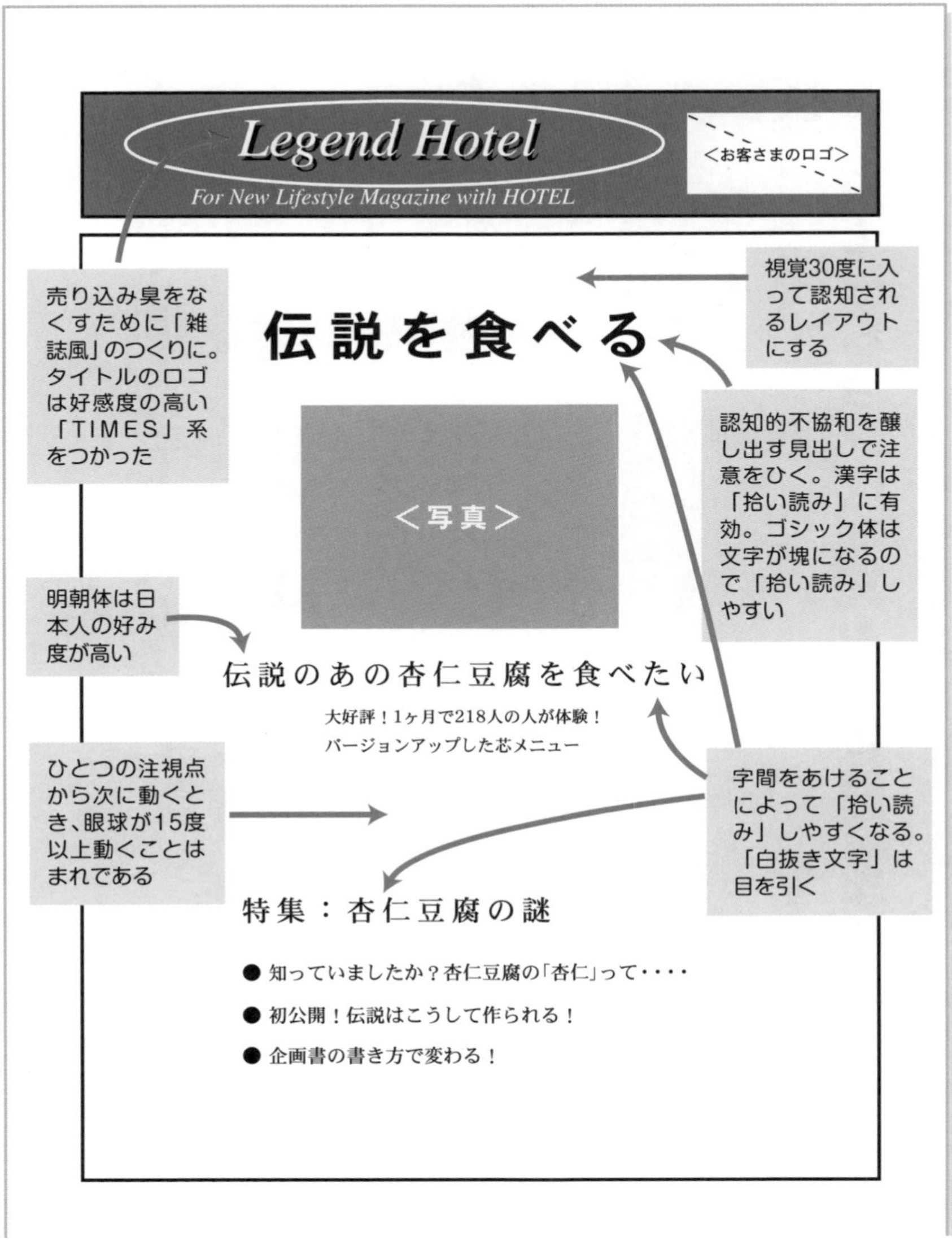
Legend Hotel
For New Lifestyle Magazine with HOTEL
＜お客さまのロゴ＞
売り込み臭をなくすために「雑誌風」のつくりに。タイトルのロゴは好感度の高い「TIMES」系をつかった
視覚30度に入って認知されるレイアウトにする
伝説を食べる
認知的不協和を醸し出す見出しで注意をひく。漢字は「拾い読み」に有効。ゴシック体は文字が塊になるので「拾い読み」しやすい
＜写真＞
明朝体は日本人の好み度が高い
伝説のあの杏仁豆腐を食べたい
大好評！1ヶ月で218人の人が体験！
バージョンアップした芯メニュー
ひとつの注視点から次に動くとき、眼球が15度以上動くことはまれである
字間をあけることによって「拾い読み」しやすくなる。「白抜き文字」は目を引く
特集：杏仁豆腐の謎
● 知っていましたか？杏仁豆腐の「杏仁」って・・・・
● 初公開！伝説はこうして作られる！
● 企画書の書き方で変わる！

「人間の視覚は30度」

認知心理学では、

「人間の視覚は30度以上は見ていない」

と言われています。一目で視野に入る範囲は30度までということです。目立たせようとやたらタイトル文字を大きくしたり、写真を大きく入れたりしても、一目で把握できないので、逆に認知されにくくなります。

レイアウトもこういうことを考えてプランしましょう。

「視点は15度くらいしか動かない」

紙面の中で、視点の注視点が動くときに、眼球が15度以上動くことはまれです。

例えばA３横の紙をつかって、文章を紙面の左端から右端まで1行で読ませるようにレイアウトするのは、非常に見にくいということです。また、紙の端から反対側の端まで、いっぱいにコピーをもってきても、認知されないということです。

「写真の下の文字は認知度が高い」

写真の下に入れるキャプションは本文より2倍読まれます。

だから、写真だけ入れるのはもったいない。写真を入れるときは、そのまわりに写真の解説を入れましょう。

「白抜き文字の見出しは目を引く」

濃い色の背景の中で白く抜いた文字は、普通の白地に黒で書いてある文字よりも、はるかに目を引くことがわかっています。

見出しは、この白抜き文字をつかうと有効です。

「左側がグラッフィックのほうがいい」

紙面をレイアウトする場合、左側にビジュアル、右側に文章があるレイアウトのほうが、認知されやすいという調査結果があります。

レイアウトを考えるときは、こういうデータを参考にすることも必要になってきます。

「拾い読みしやすいように文字の字間を空ける」

モダンデザインの教科書には「字間を詰めることがより良い」と書かれていました。

しかし、拾い読みをしてもらうためには、見出しなどは字間を空けたほうがいい場合があります。

また、漢字はアルファベットと違い、ひと文字の中にいろいろなメッセージが込められているので、「拾い読み」に有効です。

また、ゴシック体などをつかって、

伝説を食べる

とした場合、文字がかたまりになるので、■■□■□□（「伝説」を「食」べる）と拾い読みしやすくなります。

ここにあげたのは、認知心理学の法則のほんの一部です。他にもたくさん利用できる法則があります。

認知心理学や社会心理学をちょっと勉強すると、気づかなかった「やってはいけないこと」に気づいたり、より認知され、効果のあるものになったりします。

たとえデザイナーに依頼したとしても、安心していてはいけません。そのデザイナーに知識がないばかりに、認知されにくいモノをデザインしてしまうこともあるのです。

感性だけに頼るのはやめましょう。感性プラス科学の視点をもちましょう。

反応のいい企画書をつくるために

- **科学的な視点をもとう。**
- **感性だけに頼らない。**

忘れさせないテクニック①

企画書のサイズ、マーケティング的に考えたら……

●サイズも目的に合わせて考える

企画書で案外大切なのが、サイズです。

もちろん、これも「こうでなければダメだ」なんていうルールはありません。基本的にサイズや形は自由です。この大きさがいい、という決まりはないのです。

極端に目立つように大きな紙をつかうとか、名刺サイズの小さい企画書にするとか、和紙に筆文字とか、あなたがやりたいようにすればいいのです。

形も長方形にしたくなかったら、正方形でも丸でも三角でもいいのです。

しかし……。

モノには、**目的に合ったサイズ**というものがあります。

例えば、お店のショップカード（お店の名刺）やスタンプカード、レストランの割引チケットなどは、小さいほうがいいですよね。なぜなら、いつもお財布に入れておいてもらわなければ、利用されませんからね。もしマクドナルドやロイヤルホストなどの飲食店の割引券が、新聞紙くらい大きかったら意味がない。だからそういう種類のモノは、マーケティング的に考えて、お財布に入るサイズになっているわけです。

そう考えると、企画書にも適した大きさと、形態があるということはわかりますよね。

そうなんです。企画書には企画書に適したサイズがあるのです。

マーケティング的に優れた企画書の紙のサイズは、

「A4縦」です。

よほどすごい戦略がある場合以外は、奇をてらったものはやめたほうがいいのです。

「A4縦」にしたほうが得です。

なぜって？

だって、それがほとんどの企業が取り入れている紙のサイズだからです。ビジネス文書はほとんどがA4サイズです。読み手のことを考えたり、企画書がその後どのように扱われるかを考えると「A4縦」がいちばん効果的です。

プレゼンしたときだけ、見てもらえればいいのなら、どんなに意表をついた形態でもかまいません。しかし企画書というのは、性質上、プレゼンした後のことも考慮しなければならない書類です。社内で検討してもらったり、決定権のある上司に読んでもらったりしなければなりません。残しておいてもらわなければならないのです。

このことは、カタログやパンフレットの例で考えてみると、わかりやすくなります。

こういう経験したことありませんか？　取引している企業からカタログをもらったけど、サイズが大きすぎて書棚に入らなかったとか、サイズが中途半端で並べていても出っ張っちゃうとか。

そういうカタログの運命ってどうですか？　他の場所に移動されるか、邪魔だから捨てちゃおうとか……。

●なぜか発注が集中する理由

以前、ボクの事務所の業務で、ディスプレイ・デザインの依頼をたくさん受けていた頃のこと。よく人工の花（造花）をつかいました。

ボクの机の周りにはそういう業者さんのカタログが3社分ありました。商品の内容や価格はほとんど同じだったのですが、なぜか発注がひとつの業者に集中するんです。意識していないのにそうなっちゃう。

そこである日、「これってどうしてかな？」って考えてみたんです。

そうなんです。

カタログの**サイズの違い**だったのです。

よく依頼する業者のカタログサイズは「A4縦」、他は「A4横」と「変形」だったのです。「A4縦」のカタログは机の上のブックエンドに立てていました。手が伸ばしやすかった。

ただそれだけの理由です。

それに引き替え「変形」のカタログは机のいちばん下の引出しに収納されていました。これじゃ選ばれませんよね。問題外です。

もう1社、「A4横」の業者のカタログはブックエンドに立っているのにもかかわらず、これも選ばれなかった。それは背表紙が見えないから、何のカタログなのかすぐにはわからなかったのです。

これって、損でしょう。

●サイズで損することもある

企画書だって同じです。

A4縦以外だと、置き忘れたり、邪魔になって、結局読まずに捨てられたりするのです。

「捨てられるより、読まれたい」ですよね。

マーケティングの仕事をしていると、お客さまと一緒に、広告代理店やインテリアデザイン会社のプレゼンを受けることがあります。

一度、極端な変形で大きな企画書を提出してきた企業がありました。それはデザインコンペだったのですが、その時は確かに目立っていました。

でもプレゼン後、置き場所がなく、またその企画の検討会議のたびに持っていくのも大変で、会議ではその企画書がないまま話し合われてしまいました。

結局、他の会社に決まったのですが、これだって、企画書のサイズが普通の「A4縦」だったら、どうなったかはわかりません。

●「ありがち」を生む便利の落とし穴

最近はパソコンのプレゼンテーションツールも充実していて、ちょっと気の利いた人なら、簡単に企画書や提案書を作成できるようになりました。

例えば、マイクロソフトの「ＰｏｗｅｒＰｏｉｎｔ」なんかは、とてもつかいやすいソフトです。本当に一般的になりました。

あれでつくった企画書は「Ａ４横」が多いですよね。パソコンをつかってプレゼンするにはそのサイズがいいわけですが、手元資料にするにはできる限り「Ａ４縦」がいいのです。

そのほうが「読みやすく、収納しやすい」からです。

しかも、このところＰｏｗｅｒＰｏｉｎｔでつくった企画書が、あまりにも多くなってきたので、独自性を出すのがむずかしくなってきています。

付属のイラストやデザインをそのままつかうと、一見ビジュアル的にもきれいになりますが、あまり多用すると「あ、まただ」というように受け取られてしまうこともあります。うまく独自性を出す工夫が必要でしょう。

●やっぱりＡ４サイズがいちばんいい

サイズについては、もちろん例外もあります。

「コンセプト・マップ」や「スケッチプラン」などのように、広い面積のほうがインパクトのある内容のモノもあります。

ボクも水族館やレストランの企画には、スケッチや完成予想図で企画を説明するときがあります。

そういう場合は、「A3横」のサイズにして、「A4縦」の大きさに折り込みます。

こうすると、「A4縦」に収まり、必要に応じて「A3横」に拡げて見てもらうことができるでしょう。ずっとこれでやってきましたが、何も問題は起こっていません。逆にボクの企画書は、「バッグにも入れやすいから、いつも見て検討しています」と評判がいいのです。

バッグに入るサイズにしていると、持ち運びしてもらえるという利点もあるのです。こういうことがいかに大切なことかは、わかりますよね。

戦略的な目的がある場合以外は、収納しやすく、持ち運びしやすく、扱いやすいサイズがいちばん理想なのです。

企画書のサイズ。マーケティング的に言うと、やはり「A4縦」がいちばんいいのです。

決まる企画書をつくるために

- **提案した後の企画書の扱われ方を想像しよう。**
- **マーケティング的にすぐれたサイズにしよう。**

忘れさせないテクニック②

忘却こそ最大の敵

●記憶されるコツをつかめ

とにかく記憶される企画書をつくりましょう。忘れられてしまっては、まったく意味がありません。

たとえ今回、企画が通らなくても、企画もしくはあなた自身が相手の記憶に残っていれば、その後の展開があるかもしれません。

いつか、その企画が実現するかもしれないし、別件で仕事に結びつくかもしれないでしょう。記憶されていれば、そういう大きな可能性が残されます。しかし忘れられてはその可能性はゼロです。

だから、忘れられない企画書にしなければなりません。

それでは記憶されるにはどうすればいいか？

記憶力を高めるコツというのがあります。

例えばこういうこと。

【記憶力を高めるコツ】

●目的を明確にすること
●好きになること
●興味をもつこと
●楽しみながら記憶すること
●イメージを活用すること
●感情移入すること
●体験すること
●切迫感をもつこと
●繰り返すこと

記憶力を高めるコツは、裏を返せば、「記憶させるコツ」に置き換えることができます。このコツを企画書に盛り込んだり、プレゼンに活用したりすると効果があります。ちょっと企画書に入れてみてください。

「目的を明確にしてあげる」

前にも触れたように「結果を先」に述べて目的意識を明確にさせてあげようということです。記憶というものは期待感が大きければ大きいほど、長く残ると言います。だから最初に期待感を高めるようなことを解説すればいいわけです。

新商品をどういうものにすれば売上があがるか?

このプロモーションを実施すると、どういう結果が得られるか？　など、相手が期待するようなことから説明していくといいということです。

「好きになってもらう」

前もって、相手の会社なり、人なりを知って好みを知っておくということです。

前にも書きましたが、ホームページなどで会社の方針や歴史、成り立ちを調べ、ある程度好みを予測しておくのです。

「興味をもってもらう」

会話や企画書の中にちょっとくだけた話題を盛り込んでみたり、今話題になっていることを取り上げてみたり、興味をもってもらえるような内容にするということです。

日本史の歴代徳川将軍は覚えられないのに、ポケモンの名前は言えるというお子さんをおもちの方は多いはず。ゴルフやサッカー、お酒、食べ物など興味をもってもらえそうなことを、企画書の中に入れてみたりすることで記憶に残ることもあります。

「楽しんで記憶してもらう」

語呂合わせをしたり、韻を踏んだり、遊びのようにして大事な部分を覚えやすくします。

懐かしいところでは「そごうへいそごう」。「なくよウグイス平安京」７９４年など、覚えてほしいところは遊びを交えて覚えやすくしてあげるという方法です。

日頃のおやじギャグが活用できるかもしれませんが、ほどほどに……。

「イメージしやすくしてあげる」

図形であらわしたり、写真をつかったり、文字の色、レイアウトでイメージしやすくします。レイアウトを行うときは、効果的に余白をつくることも大切です。

「感情移入できるようにする」

話し言葉のようなセリフを入れたり、「!?」のマークを入れたりして喜怒哀楽などの気持ちを表現することです。

「体験してもらう」

サンプルを付けたり、模型やCGを見てもらうことも体験です。でも企画書の中で、実際体験してもらうというのはむずかしいですよね。そういう時は、誰もが体験したことのあるようなことを例にあげて、そのことを思い出してもらえばいいのです。

「切迫感をもってもらう」

「今、世間ではこうなっている」「他社と比べてどうである」というふうに問題点を指摘してあげるなど、切迫感をもってもらうようにすることです。

タイトルのところでも書きましたが、「病気に気づかせる」という手法もこれに当たります。

記憶力を高めるコツ、記憶させるコツ

記憶力を高めるコツ

目的を明確にすること →	目的を明確にしてあげる
好きになること →	好きになってもらう
興味をもつこと →	興味をもってもらう
楽しみながら記憶すること →	楽しんで記憶してもらう
イメージを活用すること →	イメージしやすくしてあげる
感情移入すること →	感情移入できるようにする
体験すること →	体験してもらう
切迫感をもつこと →	切迫感をもってもらう
繰り返すこと →	繰り返す

「繰り返す」

念を押すために、結論を最初と最後に述べる。また、キーワードを選んで繰り返し登場させるというのも手です。

ボクも講演などで、「しつこいようですが、大切なことなので繰り返しますが……」というセリフをよくつかいます。

繰り返しは効果があります。

ともかく忘れられてはいけません。

レストランや小売店の「顧客流出（再び来てくれないお客さん）」の最大の原因も、「忘れられる」ことなのです。

記憶に残る企画書をつくるために

- **相手の心理を考えた言葉づかいを研究しよう。**
- **個性を出して印象づけよう。**

PART 3

「企画の女神」と出会うための企画発想のテクニック

企画書のつくり方にどんなに習熟しても、肝心の企画に思い入れがなければ、それは「愛のないラブレター」のようなもの。

企画書に魂を吹き込むのは、企画への思いの強さです。

それには、あなた自身が「これだ！」と思えるような「企画」と巡り合わなければなりません。あなた自身が惚れ込むような、発想・アイディアを得ることです。

企画の女神と出会うために
──さぁ最後の仕上げにいきましょう。

企画の技術

企画力のつけ方、発想の仕方

●良い企画なくして、良い企画書はない

エクスペリエンス・マーケティング的な「企画書のつくり方」はだいたい把握していただけましたか？　今までの企画書のつくり方とはちょっと違うかもしれませんが、現代のビジネス環境に最も合った書き方です。

後はあなたが素晴らしい企画を立案するだけ。

え？　それが大変なんじゃないかって？

そうです。それが大変なんですよ。

もちろん、これからそのことを書こうと思っているんですけどね。

さて、企画書の書き方・つくり方はもちろん重要ですが、そもそも企画書を書くためには、「企画」しなければなりません。

いくら立派な企画書が書けても、企画ができなければ意味がありませんよね。それは中身のない博物館みたいなものです。いくら立派な博物館をつくってみても、展示されている内容が

つまらなかったり、一度見たらもう行かなくてもいいような博物館だと、博物館としての意味がないでしょう。でも、こういう博物館はけっこう多いんですよ。

建物だけは立派で、内容が貧弱な博物館。建物を先に設計して展示は後で考えると、こういう博物館になってしまうのです。

企画も同じです。

素晴らしい企画があってこそ、企画書の書き方も役立つのです。

「そうなんだよね、企画ができないんだよ」
「企画力なんてないんだな、ボクは……」
「才能がないから、あたしはダメなのよ」

そう思っているあなた、あきらめてはいけません。

企画力は天性のものではありません。誰でもコツさえつかめば、「企画力」はいくらでも磨けます。だから安心してください。

●企画には五つのステージがある

企画をする場合の作業はおおまかに分けると、五つのステージ（段階）があります。

① 関連した情報を収集する
② 収集した情報を編集し、加工して、考える

③ **その情報を発酵させる**
④ **アイディアを得る**
⑤ **アイディアを企画書にまとめる**

前のパートで紹介した「企画書のつくり方」は、この段階で言えば⑤の部分です。その前にあなたのやるべきことは、四つあるのです。

ステージ① 関連した情報を収集する

あなたが企画をするときに、最初にしなければならないのがこの作業です。関連した情報を集めるには、インターネット、書籍、体験、インタビュー、ヒアリングなど、さまざまな方法があります。

いつも興味のあることに対して気にしているとか、いつもつかえそうな情報を集めておくとか、そういうことは不可欠です。

また、どういう種類の情報がどこにあるのかを把握しておくことも必要になってきます。要は、常日頃から情報に対してアンテナを鋭敏にしておくことです。

この情報の中には、例えばクライアントに依頼された企画の前提条件や課題なども入ります。

ステージ② 収集した情報を編集し、加工して、考える

集めた情報を関連づけたり、組み合わせたり、アレンジしたり、その企画について考える段

階です。とことん考えて練っていきます。

あらゆるこだわりを捨て、いろいろな考えを出していきます。固定観念・既成概念をどんどん壊していきましょう。

ブレスト（ブレーン・ストーミングの略で、アイディア出し会議のこと。まさに脳の嵐状態が理想）などはこの段階に入ります。

ステージ③ 情報を発酵させる

②の段階で実施したことが、あなたの脳の中でさまざまに作用し、アイディアの形になっていく過程です。

まさに「発酵」なのです。

実は、素晴らしいアイディアを出すためには、この段階がいちばん重要なのです。

ところが、この状態をつくらずに、ブレスト会議で出たアイディアをそのまま企画書にまとめることがけっこうあります。これは非常にもったいないことなのです。

発酵時間は、24時間以上が理想ですが、最低でも30分くらいは間をあけましょう。

ステージ④ アイディアを得る

発酵させると、どこからともなく素晴らしい解決法や、企画のアイディアがわき出してきます。まるで企画の女神がいて、その声が聞こえた感じです。

このときは、メモを用意しておくことが重要です。前にも書きましたが、この女神は一瞬しか姿を見せてくれません。必ず書き留めておきましょう。

ステージ⑤　アイディアを企画書にまとめる

こうして素晴らしいアイディアを得ることができれば、あとは企画書にまとめるだけです。

素晴らしい発想をするには、以上のような段階があります。
これは慣れると、カンタンなことです。
常に「発想する」という体質になるのです。
これから、それぞれの段階で有効な方法や、やり方を紹介していきます。

企画力を磨くために

- **発想体質になろう。**
- **メモは必需品。女神をとらえよう。**

ステージ①——関連した情報を収集するテクニック

情報を集める技術、読み取る技術

●情報の洪水に溺れない

時代が変わり、ビジネスの環境ややり方が大きく変わっているということは、前にも書きました。当然、情報を収集する方法も、大きく変わってきています。

そしてこの「情報」こそが、企業の「命」になりつつあるのです。情報が、企業の繁栄を左右するといっても過言ではなくなってきているのです。

効率よく必要な情報を収集することが、企業にとっても重要な戦略になっています。

でも、今はすごくたくさんの情報が溢れていますよね。

ひと昔前に比べれば、まさに「情報の洪水」です。なんでもかんでも、ともかく情報を集めようとしていると、その洪水の中で溺れてしまいます。

情報の洪水で溺れないためには「目的をもつ」ことが重要です。

逆に言うと、明確な目的をもっている人にしか、有用な情報は集まってこないのです。目的をもっていない人が、いくら情報を集めても、役立つ情報とそうでない情報を見分けることはできないでしょう。

同じ情報を見ても、捨ててしまう人と、これはいいと飛びつく人がいる。

情報を集めるためにアンテナを張っておくことは大事だけど、アンテナで何を拾えばいいのかがわかっていないと、いくらたくさんアンテナを張ってもそれは何の役にも立ちません。

●インターネットなしでは企画はできない

さて企画書をつくるのにも、この情報の収集が必要になってきます。

以前は関連図書を探したり、図書館に通ったり、情報を集めるにもたくさん時間がかかりました、
でも、今そんなやり方をやっていては、競争のスタートラインにも立てません。

今まで1~2週間もかかっていたことが、今なら10分で終わってしまうのです。ウェブ上にある情報を検索して、その中から必要な情報をとる。それくらいのスピードでやらなければ、あなたは「リストラ」、あなたの会社は「事実上の倒産」です。

以前カラーマーケティングの本を書いたとき、色を感じ取る「自律神経」について調べていました。どういう色がどの神経に作用して、どのような影響を及ぼすのかを知りたかったのです。

インターネットで調べると、ものすごくたくさんの情報源を得ることができました。検索にかかった時間はわずか1秒くらいのものです。

その中から、役立ちそうなホームページを5カ所くらい読むと、

「暖色系の色は交感神経に作用することで、精神を興奮させ、楽しい気分にしたりする。寒色

系の色は副交感神経に作用することで、精神を沈静化させ、抑制化する働きをする」ことなど、知りたい情報がすぐに見つかりました。

自宅のコンピュータの前にいながら、わずか10分くらいの時間ですよ。

インターネットをつかうのは、今ではもう当たり前のことになっていますが、インターネットをつかえる人とつかえない人では、東京から大阪に行くのに「徒歩」で行くのと「新幹線」で行くくらいの差があるでしょう。

もうインターネットは、電話と同じくらいビジネスには必要不可欠なものになっているのです。

だから、万が一、あなたやあなたの会社がまだインターネットをつかえないか、あるいはつかえないような環境だったら、すぐにつかえるようになりましょう。

「そんなの部下の女性がやってくれるよ」

なんて言っている中間管理職のオジサン。そんなこと言っているうちに、リストラされちゃいますよ。インターネットは情報収集の基本です。

ただし、何でもかんでもインターネットだけで片づくわけではありません。

●本屋さんはやっぱり基本

今までやったことのない種類の企画を行うときに、いちばんはじめにすることがあります。

それは、本屋さんに行くことです。大きめの本屋さんに行って、その関連の本をかたっぱしから立ち読みするのです。

例えば、あなたがあるシティホテルの仕事をすることになりました。セールスプロモーション計画を立案しなければならないとしましょう。セールスプロモーションのことはわかるけど、ホテル業界のことはまったくわからない。

そういう場合は、書店に行ってホテル業界の本をパラパラと見るのです。「業界研究」や「企業研究」のような種類から、「○○ホテル流サービスの極意」のような種類のモノまで、けっこうあります。それを見て、中から何冊か買ってくるわけです。

全体を把握できるもの、その中である部分だけ詳しく述べたもの、違う角度で書いたものなど、関連の本を5冊くらい読めば、だいたいのことはわかります。

本を読むことも重要なのです。

だいたい専門分野の本を5冊読めば、その道のプロと対等に話ができるくらいにはなります。

以前「屋内熱帯雨林館」の企画をしたことがあります。建物の中に「熱帯雨林（ジャングルともいう）」の環境を再現し、植物、動物、魚などを飼育展示する新しいコンセプトの施設なのですが、この施設をプランニングした時のことです。

2週間くらいで、5冊の本を読み、東京大学の先生に会いに行きました。

この教授は、わが国における「熱帯雨林」の権威です。ボクが企画した展示の裏付けのためにお会いしたのですが、話はすべてわかりました。

わかるどころか、ヒアリングの最後に、「藤村さん、とても詳しいですね」というお褒めの言葉までいただいたのです。

2週間で勉強したとは言い出せませんでしたが、ちょっと本を読むことで、プロフェッショナルの人と話ができるようになるのです。

本というのは、どんなものでも「体系化」されています。ですから情報としては整理されていて、ある考え方にそってまとめられているので、有効なのです。

だから、本を読みましょう。

●体験こそが最大のノウハウ

体験したことには、説得力があります。

カラーマーケティングの本を出したとき、それまでのカラーマーケティングの本というのは、色彩心理学の先生とか、カラーコーディネーターの先生とか、いわゆる理論が述べられている本が多かった。

でもボクは、実際に日々の仕事の中で実践したことを書いたのです。


「テーブルクロスの色を変えたら、売上が伸びた」

「看板の色をこの色にしたら、入店率がこう変わった」

「新聞折り込みチラシの色をこうしたら、反応率がこうなった」


などなど、実践したことを元に、カラーマーケティングに関連づけて解説していきました。

読者から、「とても説得力があって、参考になりました」とか「今まで、曖昧だったことがわかりました」など、感想をいただきました。

机上の理論ではなく、実際にやったことだから説得力があったのです。

体験することは、ものすごく重要なことです。体験したことはノウハウとして残るからです。

「遊びに仕事は持ち込まない」、という主義の人がいますが、そういう考え方では、企画力を磨くことはできません。

仕事と遊びの区別をつけてはいけません。

これからは好きなことをしましょう。好きなことをしてお金を稼ぐのがプロです。

今までは仕事は厳しいもの、楽しむなんて不謹慎という雰囲気がありました。でもこれからは、好きなことをしたほうが、いい仕事ができるのです。そういう時代だからです。

だからたくさんのことを体験しましょう。仕事のヒントは遊びの中にあるのです

企画に必要な情報を集めるために

- **インターネットをフルに活用しよう。**
- **たくさん体験しよう。**

ステージ②――関連した情報を収集するテクニック

ブレストで企画をどんどん膨らませよう

「いいね。いいね」が合言葉

先日、転職した以前の部下に久しぶりにあったところ、彼がこんなことを言い始めました。

「今度の会社、企画会議が面白くないんですよね」

「有能な人たちが集まっていて、大きなやりがいのある仕事の企画なんですけどね……。話が膨らまないんですよ。それで昔の企画会議のことを思い出したんです。まずあまり、会議室とかでやらなかったですよね。音楽とか流れていて、昼休みのような感じ。それに藤村さんの『いいね、いいね』『いいじゃん、いいじゃん』の合いの手のような言葉。最初はなんか、ホントにそう思ってるのか⁉　とか、いいかげんに言ってるんじゃないのか⁉　と思ってたんですけど、思えばあの言葉ですごく盛り上がるんですよ」

そう、

「いいね。いいね」

「いいじゃん。いいじゃん」

はボクの口癖なんです。

いいかげんなつもりはまったくないのですが、直感でいいと思ったら、つい出てしまうんです。

ちょっと、疑問に思った意見でも、「いいね、いいね。でもここはどうなるの？」とか、とりあえず否定しないのです。

企画会議では否定せずに、どんどん膨らませていく。時にはどんどん脱線してしまってもいいのです。

アイディアが固まったところで、現実にすり合わせていけばいいのですから。

一緒にするのはおこがましいかもしれませんが、かのスティーブン・スピルバーグも、出演者のアイディアにいつも「いいね、いいね」と言っているそうですよ。

企画会議で良いアイディアを引き出すために

- **ブレストするときは否定しない。**
- **「いいね、いいね」と次を引き出そう。**

ステージ③——情報を発酵させるテクニック

企画に行き詰まったら、別のことをしてみる

●温故知新——古本屋街を訪ねてみよう

ディスプレイ用に表紙のキレイな洋書が必要だったので、神田神保町の古本屋街に本を探しに行きました。

大学が近くだったので、昔行っていた古本屋、洋食屋や喫茶店が変わらずにあって、とても懐かしい気持ちになりました。しかし、古本屋は懐かしいだけではなかったのです。

ある古本屋に入ると、ヨーロッパの本が充実していました。

フランス語、ドイツ語、スペイン語など原書を読む元気はないのですが、日本語訳で読んだものなど見つけると思い出してわくわくするのです。装丁も皮貼りで型押しされているもの、イタリアの伝統のマーブル紙が貼られているものなど素晴らしく、挿し絵、写真の美しいものもあって、ピカソが装丁を手掛けた本の展覧会のカタログなどちょっと感動的でした。

その書店だけでなく、どの店も日本美術、風俗、マンガ、アメリカの雑誌など特徴があって実に面白いのです。

そして買った本を、「純喫茶」といったレトロな風情の喫茶店で、コーヒーを飲みながらパ

ラパラとめくってくつろいだりするわけです。すると、自分に気づきます。

日常と違った思考になっている

東京などでは、普通の書店は大きいところから小さいところまでたくさんあって、常に新しい書籍が並んでいます。当然ですが、どこも同じような品揃えです。

新しい情報、旬の情報に出会うことはできるのですが、そうした情報は、テレビなどのメディアと密接に連携しているので、潜在的に思考の中に入ってしまっていることが多いのです。だから、驚きとか感動を得ることはあまりできません。

一方、時間の流れのゆっくりとした古本屋街は、自分の潜在意識の深いところにあるものを呼び覚まし、思考回路を変えてくれます。新刊本ばかり扱っている書店ではなく、古本屋に行くのも、企画にとってはいい刺激になります。

机に向かって「いい企画を考えなければ」なんて思っていても、いいアイディアは浮かぶものではありません。

●アイディアの前兆

こんなこともありました。

あるレストランのウィンドウに、古本屋で見つけてきた料理の本をディスプレイしました。

するとそのレストランのシェフが、「藤村さんこの本どこで手に入れたんですか？」と聞いてきたのです。いかにも入手困難なものを手に入れましたね、といったふうにです。

ボクは『ニース伯爵の料理』という珍しい題名と重厚な表紙に惹かれて買っただけだったので驚きましたが、とても貴重なものらしいのです。しかも買った値段は４００円だったのに、今では値段が付けられないほどの貴重品だというのです。

古本屋には他には見られない価値基準の面白さと、アイディアが潜んでいるのを痛感したものでした。

企画に行き詰まったら、別のことをしてみましょう。古本屋に行ったり、映画を観たり、デートしたり。そういうことすべてが、あなたの企画に役立つのです。

「必ず役立つ情報が得られる」という意識を脳にインプットしておけば、何か気になることが出てきます。

それがアイディアの前兆なのです。

素晴らしい企画を立案するために

- **いつも役立つ情報を得るという姿勢をもとう。**
- **どんなことからもアイディアは得られる。**

ステージ④—アイディアを得るテクニック

企画の女神はある日、突然降りてくる

●街へ出よう！　人と話そう！

街を歩いているとき、よくいろいろなアイディアがわいてきます。

最近、何も目的をもたずに、

ブラブラとお散歩したことってありますか？

「そういえば最近ないな」

そう思ったあなた、今すぐにでもお散歩に行きましょう。

散歩は「発酵の段階」では、本当に有効な方法です。

楽しい気分で歩いていると、脳にアルファ波が出てリラックスしたり、セロトニンという物質が脳内に分泌されてリラックスし、集中力もアップするのです。

体を動かすことで血流量が増え、脳も活性化されるという研究結果も出ています。

こういったフィジカルな部分に作用することでも、「お散歩」はいいのでしょうが、他にも、脳が活性化されているせいか、それまで形になってこなかった情報の断片が、ひとつの形になって見えてくることがあります。

たくさんの情報や言葉をインプットしているので、バラバラのものがいつの間にかひとつのアイディアになったり、古い記憶を呼び起こして再生されたりすることがよくあるのです。

ボクは人と話すのが好きなので、会話をしたいろいろな人から、アイディアをもらうこともたくさんあります。

先日も、お店で店員さんに「流れている曲すごくセンスいいですね」と話しかけました。すると、

「うちの店長は昔、音楽業界の人だったんですよ。だから、こだわりがあって昼から夜、それから深夜と音楽を考えて編集してるんです」

など、なんとなくいいなと思ったものにも、ちゃんとした理由があるんだってことを知ることができます。

「これ、だしがすごく利いてますね」

など味について話しかけたりすると、「実はこういう隠し味があって」とか、「こういう物が人気です」とか、「意外と不評です」とか、いろいろなことを教えてくれたりします。

そういう小さな情報をインプットしておくと、ある時思わぬ考えと結びつくことがあるんですね。

●女神、降臨！

ある高級ホテルの中華レストランの企画を頼まれていたとき、考えに行き詰まってしまいな

んとなく書店に行きました。店内をブラブラしているうちに、「癒しの本」コーナーと銘打っているコーナーが目についたので、そこに並んでいる本を見ました。

絵本のような字の少ない本で、内容は「誰かがあなたを愛している」とか「深呼吸して肩の力をぬいて」とか、励ましのひと言が書いてあるものがすごく売れているということ。

「ふ〜ん、みんな疲れているんだな〜」

と、思ってその場を離れました。

また歩いてきょろきょろしていると、レンタルビデオ屋に「クッキー・フォーチュン」のポスターが貼ってありました。

「あ、前に観た映画がＤＶＤになったんだ」

題名には惹かれるところはなかったのですが、監督が大好きなロバート・アルトマンだったので観ていたのです。アルトマンらしい映画で面白かったのですが、フォーチュンクッキーがストーリーに出てくるわけではないので、かえって題名がずっと記憶に残っていました。

フォーチュンクッキーって知ってます？

そう日本ではあまり見かけないのですが、海外の中華レストランに行くと、食事が終わった後、餃子のような形をしたクッキーをくれます。ま、クッキーが美味しいかというと、そうでもないのですが、中に「おみくじ」が入っているんですよ。これがなかなか面白い。

「フォーチュンクッキーか、以前、中華料理屋で帰りにもらったけど何て書いてあったかなあ……」

その時です。

まさにひらめいたのです。

女神の姿を見たような気がしました。

「そうだフォーチュンクッキーの中に励ましのメッセージを入れよう！」

企画中のレストランがちょうど中華レストランだったのでこれを企画にまとめました。

この企画は大成功！　フォーチュンクッキーのホームページまでできました。

よく刑事物や探偵物のドラマなどで、歩いて考えているシーンがありますよね。

フランスの思想家ジャン・ジャック・ルソーも「私の頭は足と一緒にしか進まない」と語っていたように、自然にセロトニンと血流量アップの効果を利用していたのでしょう。

街に出るといろいろな情報があり、冴えた頭で考えるとシンクロニシティーが起きるのです。

さあ、扉を開いて、部屋から外に出て、ちょっとお散歩をしてみましょう。

きっと、素晴らしいアイディアの女神があなたに微笑みかけてくれます。

素晴らしいアイディアを得るために

- **お散歩しよう。**
- **人に話しかけよう。**

ステージ⑤――企画書にまとめるテクニック

どんな独創性もはじめは真似から生まれる

●基本の習得は「人真似」から

企画を企画書にまとめるテクニックについて、これまでいろいろ書いてきました。最後にひとつ。「これはいい」と思ったら、どんどん真似をしてみましょう。

何か「人真似をしよう！」なんて言うと「盗作しろ！」と言っているみたいですが、そうではありません。アイディアは真似てはいけませんがフォーマット、「型」を真似しようというのです。

茶道や剣道など習い事や修行の段階を示す言葉に、「守」「破」「離」という言葉があります。もともとは禅の言葉で、禅修行の道程を示したものですが、この言葉はいろいろなことに引用されて、修行の段階をあらわしています。

「守」とは、基本の型を繰り返しなぞり、これを守って進むことです。いわゆる免許皆伝の腕前や識見をもつまでの課程です。

「破」とは、ある程度まで「守」の修行が進んだ後、自分の工夫や才覚で基本の型を破ることです。

「離」とは、基本の型を破り、それから離れ、自己独特の境地を開拓することです。

「守」は基本、ルール、型式をしっかりと守ること、「破」は応用、「離」はオリジナリティー、

解釈できます。

どんなことを習得するにも最初は型を真似することから入るのです。

エレキギターでいえばディープ・パープルの『スモーク・オン・ザ・ウォーター』。覚えのある人はたくさんいると思いますが、できるようになると「ジャッジャジャーン、ジャジャジャジャーン」とずーっと弾いていませんでしたか？

次に、それをちょっとアレンジして弾くようになり、そのうちオリジナルの曲をつくったりするようになる。

クラッシックギターでいえば『禁じられた遊び』、茶道でいえば基本点前、絵画でもデッサンで円錐や卵を描いたりと、基本の型となる「守」があるのです。

●良いビジネス書は、良い企画書に似ている

企画書も、良いものを真似してドンドン書いてみましょう。

「企画書なんて書いたことないし……」「良い企画書なんて、まわりにないよ」と言う人は、

本屋へ行って面白そうなビジネス書を探してみましょう。

良いビジネス書は、良い企画書に似ています。

多くの人に読まれているもの、売れているもの、自分が興味をもったものを選んで分析してみましょう。

今、多くのビジネス書が出ています。同じテーマで、たくさんの人が、いろいろなビジネス書を書いています。そういう本が売れるためには、書店で、膨大な数のビジネス書の中から、手にとってもらわなければならないわけです。

ですから、みんなさまざまな工夫をしています。

それだけ競争して、読んでもらおうと必死なのです。

表紙の色、レイアウト、タイトル、字体、分析してみると、良いビジネス書は、人を惹きつけようとする工夫が随所に見られます。

ボクが最初に出した本もビジネス書でした。

その時は、書店で平積みされたときに「目立つ」ことを最大の目的にして、装丁のデザインをしてもらいました。

ビジネス書コーナーで平積みされている書籍は、基本的に白っぽい表紙のものが多いんですね。

ま、最近は「これがマーケティングの本?」というような色づかいをしているものも増えてきましたが、当時は、白が多かった。

その中で目立つためにボクが選んだ色は、「下地が赤で、中抜き黄色」という色づかいです。

そう、まるでマクドナルドの色みたいな装丁です。でも、これけっこう手に取ってもらえたようなのです。

やっぱり売るためには、たくさん知恵をつかわなければなりません。

そして、読む人も忙しいビジネスマン。

より早く簡単に情報を得ようとしています。だから内容も、「起承転結」なんて読んでいられない。必然的に、惹きつけられる題名、内容のわかりやすい目次、よくまとまった結論になってきます。すぐれたビジネス書は「序・破・急」になっているのです。

素晴らしい企画書を書くために、ビジネス書を参考にしてみるのは、とても有効なことです。


オリジナリティのある企画書をつくるために

- **すぐれたビジネス書を真似してみよう。**
- **オリジナルは真似から始まる。**

おわりに

素晴らしい企画書をつくって、輝くビジネスを！

「エクスペリエンス・マーケティング的企画書のつくり方」

参考になりましたか？

少しでもあなたの仕事に役立ったら、ボクもうれしい限りです。

これから「企画書」はビジネスにおいて、さらに重要になります。

ひとむかし前、企画書といえば、広告代理店や商品開発などの企画担当の人が書くものでした。

でも今は、ビジネスに携わっている人全員がそのスキルを身につける必要があるんです。

この本（旧版）を読んだある写真館の社長さんが、自分でセミナーを企画して、そのスポンサーを募るために、日本の代表的な写真関係の大手企業数社に企画書を出しました。

その企画書はみごとな企画書でした。

タイトルは
「写真館が街から無くなる日」
サブタイトルが
「そんな日がこないためのご提案」

彼が企画書を出した企業は、写真館がなくなってしまうと、非常に困る企業なんですね。
結果、複数社のスポンサーを獲得し、セミナーは大成功でした。

ビジネスマンにとって、企画書をつくるためのスキルは、大切なスキルになってくるのです。
それはどうしてかというと、「知識経済」になったからです。
現代の経済を動かしているものは、もはや天然資源や労働力、資本力ではなく、「知識」や「情報」「コンテンツ」などのクリエイティビティな要素になりつつあるからです。
そしてその潮流は、今後、確実に大きくなっていくのです。

だからあなたに「企画書」をつくるノウハウをもってもらいたいのです。

どうかこの本を役立てて、素晴らしい企画書をつくってください。
そして、あなたのビジネスを、キラキラと輝かせてください。

あなたのビジネスが圧倒的に輝いて
あなたと、あなたの大切な人たちが
しあわせになることを
心から祈っています。

最後までありがとうございました。

藤村正宏

著者紹介

藤村正宏（ふじむら・まさひろ）

『フリーパレット集客施設研究所』代表。
1958年、北海道釧路生まれ。釧路湖陵高校卒業。明治大学文学部演劇学専攻卒業。
現在は、体験を売るという実践的マーケティング手法、「エクスペリエンス・マーケティング」の考え方で集客施設や企業のコンサルティングを行っている。経営者を集め「エクスペリエンス・マーケティング実践塾」を開催、評判になる。すでに1000社以上の経営者が、この塾を体験。圧倒的な業績をあげている。毎回、キャンセル待ちができる人気の塾になり、現在も札幌、東京などで実施中。講演やセミナー多数。
■主な著書
『新版　安売りするな！「価値」を売れ！』（日本経済新聞出版社）
『「3つのF」が価値になる！～SNS消費時代のモノの売り方～』（日本経済新聞出版社）
『「つながり」で売る！法則』（日経ビジネス人文庫）他多数

【エクスマ】で検索

【Twitter】

個別コンサル依頼、講演依頼、執筆依頼等は、以下からお気軽に！
メールアドレス：info@ex-ma.com

改訂新版
スーパー・ラーニング
企画書《きかくしょ》つくり方《かた》、見《み》せ方《かた》の技術《ぎじゅつ》
〈検印省略〉

2020年　4　月　24　日　第　1　刷発行

著　者――藤村　正宏（ふじむら・まさひろ）
発行者――佐藤　和夫

発行所――株式会社あさ出版
〒171-0022　東京都豊島区南池袋 2-9-9 第一池袋ホワイトビル 6F
電　話　03 (3983) 3225 (販売)
　　　　03 (3983) 3227 (編集)
F A X　03 (3983) 3226
U R L　http://www.asa21.com/
E-mail　info@asa21.com
振　替　00160-1-720619

印刷・製本　神谷印刷（株）

facebook　http://www.facebook.com/asapublishing
twitter　http://twitter.com/asapublishing

ISBN978-4-86667-204-5 C2034

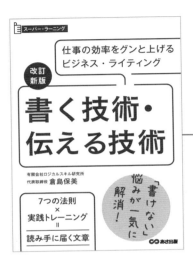

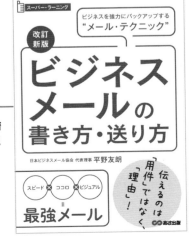